밥상머리 인문학

궁편책

밥상머리
인문학

오인태

궁편책

추천의 글

오인태의 밥상머리 인문학
진솔하게 차린 맛있는 인문학 밥상

임재해 | 민속학자·국립안동대학교 명예교수

우리 교육의 출발은 태교이다.

출산 후에는 어머니가 아기를 업고 일하므로 어깨너머 교육이 시작된다.

아이들이 자라 어른들과 함께 밥을 먹게 되면,

이때부터 밥상머리 교육이 이루어진다.

밥상머리에서 식사 예절은 물론, 세상살이 문제에 관한

어른들의 말씀을 들어가며 생활 세계의 온갖 지식을 터득해 나간다.

우리는 '밥심'으로 살 뿐 아니라 밥상머리 교육으로 사람답게 살아간다.

한솥밥을 먹으며 편하게 이야기를 주고받으니 교육 효과도 높다.

학교처럼 교사가 일방적으로 주입하지 않아서 좋을 뿐 아니라,

숙제나 시험이 없어서 더욱 좋다. 밥상머리 교육이야말로

최고의 가정 교육이자 생활 교육이다.

따라서 누군가 '밥 한번 먹자'고 하면 허투루 들어 넘길 일이 아니다.

오인태의 밥상머리 교육은 시각 자료도 풍부하고

내용도 '귀꾸말이'에 쏙쏙 들어온다.

우선 밥상머리 인문학답게 개다리소반에 차린 밥상들이 정갈하다.

상차림의 조리법만 나오는 것이 아니라

식재료를 마련하는 바다의 물질까지 자세하다.

이제 전통 식재료도 사라지고 조리법과 그 음식도 잊어버리게 된 것이 많다.

건강한 먹거리 지식들이 잊히는 것은,
먹고 사는 문제 가운데 긴요한 정보들을 잃어 가고 있다는 말이다.

잃어버린 전통 음식은 되살리지 못해도 제철 음식은 가려 먹을 수 있다.
가장 맛있는 음식은 '같이 먹는 음식'이지만,
가장 건강한 음식은 '제 땅에 나는 제철 음식'이다.
지금 우리는 남의 땅에서 나는 먹거리를 사철 가리지 않고 먹으며
건강한 섭생인 양 착각하고 있다.
자기 고장에서 20km 이상 떨어진 곳의 먹거리나
겨울철에 여름철 음식을 먹는 것은 건강에 좋지 않다.
체질의 섭생에 맞지 않거나 몸의 기운에 따른 음양오행에 어긋나는 까닭이다.
그러므로 어디서나 통용되는 식품학을 넘어서
토박이 밥상머리 교육이 필요한 이유이다.

인문학 지식도 마찬가지이다.
우리 토박이 인문학이 아니라 서양 인문학으로 아는 체하는 일은
한갓 겉치레일 뿐이다.
지금 우리가 이 땅에서 우리답게 살아가는 데는
수입산 인문학보다 전래의 토박이 인문학이 더 긴요하다.

오인태의 밥상머리 인문학은 토박이 상에다 토박이 음식을
토박이 솜씨로 차려 낸 토박이 인문학 밥상이다.

인문학 밥상에는 멸치고추다지개장, 해조덮음비빔밥, 문어호박수제비 등
낯선 이름의 음식 차림만 즐비한 것이 아니라,
절묘한 식문화의 전통과 인간의 품격도 다양하게 차려져 있다.
예전 어른들은 "굶을지언정 밥때에 남의 집 앞을 서성이지 않았"으며,
아버지는 "헛기침과 함께 반도 더 남은 밥그릇을" 물리시고
가장으로서 체면을 갖추었다.
가난한 시절 밥의 인문학을 추억처럼 되살려 낸 것이 신통하다.
레시피 붙들고 씨름하는 조리사나 영양 분석에 골몰하는 식품 영양학자도
밥상머리 인문학으로 한국 식문화 전통에 대한 식견을 넓힐 만하다.

밥상머리 인문학은 식문화를 넘어서 생활 속의 인문학으로 나아간다.
시절 음식이 철철이 차려지고 철 따라 피고 지는 꽃 이야기도
소박한 밥상머리를 화려하게 수놓는다.
자꾸만 생각나는 사람을 밥상머리에 올려놓고 그리워하거나,
늘 해 오던 것을 하지 못하는 불편함 탓에 오히려 뜻밖의 여유를 누리며,
분수껏 사는 삶의 가치를 설파한다.

분분한 낙화를 두고 떠날 때를 알고
떠날 줄 아는 용기와 슬기를 일깨워 주는가 하면,
부당한 일이나 부정한 자에게는 당당하게 맞서서
꿋꿋하게 싸워야 하는 투쟁도 부추겨 준다.
'무엇을 먹는가'보다 '어떻게 먹는가' 하는 것이
밥상 문화에서 중요한 것처럼, '무엇이 되는가' 하는 것보다
'어떻게 사는가' 하는 것이 인생살이에서 더 중요하다.
인문학의 핵심 질문이기 때문이다.
질문하는 인문학이 대답하는 인문학보다 더 깊고 높다.

저자는 밥상머리 인문학자이기 전에 시인이다.
따라서 시인이 어떤 사람인가를 말하는가 하면,
시인은 어떻게 살아야 하는 것까지 말한다.
"시인은 천성적으로 세계의 문제를 자신의 문제로 여기며
공명하는 존재"라고 했는데, '소설이 자아의 세계화라면,
시는 세계의 자아화'라고 한 대조적 정의와 꼭 부합한다.
시인으로 산다는 것은 세계에 대한 애정과 관심을
예민하게 가지며 자기화하는 것이다.
사회 문제를 함께 아파하고 기뻐하고 분노하며 살아가는 것이 시인의 삶이다.
그래서 시인은 늘 시대의 전위에 서 있다.

시인은 앓고 있는 지구와 함께 앓으면서

'콩 세 알'의 세계관을 말할 수 있어야 한다.
그렇다고 시인은 밥상머리 교육이나 일삼는 꼰대가 아니다.
시인으로서 가야 할 시의 길을 묻고 또 묻는다.
시로서 형상화해야 할 시인의 삶과 꿈을 쓰고 또 쓴다.
시를 써서 밥 먹고 살 수 있도록 원고료를 쌀로 받았으면 하는 소박한 꿈도 꾼다.
시인으로서 시만 쓴 것이 아니라,
숱한 밥상을 손수 차려 냈으니 식재료 값은 물론,
상 차리는 데 들인 정성과 시간만 해도 만만찮다.
그럼에도 "조금 쓰기도 하고 달기도 한, 지금이 딱 좋다."고
지금의 나를 있는 그대로 긍정하며 누릴 줄 안다.
마침내 밥상머리 인문학의 절정을 이룬다.

잘 차려진 밥상머리 인문학 한 상을 받고 푸진 차림에 포만감을 느끼며
요것조것 맛있는 음식 맛보기에 한참 빠져들었다.
정갈한 밥상 차림 글에다 깔끔한 사진 차림이 곁들여져 있어서
글 읽는 맛 못지않게 책 보는 맛을 한층 돋우어 준다.
맛깔나는 글과 식감 넘치는 사진이 짝을 이루어 눈과 입이 함께 호사를 누렸다.
어느새 입안에 단침이 고이고 머릿속에는
인문학의 속살이 뿌듯하게 차오른다.
저자 오인태는 맛있는 인문학을 진솔하게 차려 낼 줄 아는
보기 드문 주방장 시인이다.

책을 펴기 전
저자가 전하는 이야기

한국인의 전통 음식 문화는
'국 문화'라 해도 영 생뚱맞은
말은 아닐 것이다.
아무리 궁색해도 사람의 도리와
체면을 쉬 버리지 않았듯이
거칠고 보잘것없는 밥상에도
격식이 있었다.

청학동에서, 오인태

내가 밥상에 차려 올리는 음식들은
어릴 적 기억에서 불러낸 것이 대부분이다.
누나 넷에 이어 늦둥이 아들로 태어나 어머니 치맛자락만 잡고
떨어지질 않았으니 내게 음식에 대한 남다른 감각이 있다면
그건 아마 어머니에게서 물려받고 익힌 것이리라.
어머니가 차려 내던 음식이란 게 대개 우리 논과 밭에서
직접 기른 것이 아니면, 고향 산과 냇가에 지천으로 널려 있던 것이었다.
음식에 들어가는 양념도 간장, 된장, 고추장 따위 장류에다 참기름, 들기름,
드물게는 산초기름과 제핏가루, 들깻가루, 고춧가루,
파, 마늘, 생강 정도가 다다.

어머니 음식의 또 하나 특징은 장류와 김치, 장아찌 외엔
금방 뚝딱 차려 낸 즉석요리라는 점이다.
나물도 날것은 날것대로 데친 것은 데친 것대로 조물조물.
된장국도 금세 똑딱똑딱, 보글보글,
국수도 별다른 고명 없이 단숨에 한 그릇 가득 담겨 나온다.
어머니 밥상은 늘 따뜻하고 고소하고 신선하고 푸짐했다.
내 머릿속에 아로새긴 어머니표 우리 집 밥상의 또 다른 특징은
가짓수가 많진 않아도 국과 장은 꼭 빠지지 않았다는 점이다.
상 한가운데는 반드시 맑은 장이든 양념장이든 장이 놓이고
맹물이라도 밥그릇 옆에 국그릇이 나란히 놓였다.

오늘 저녁엔 뭘 해 먹지? 점심은?
그리고 내일 아침엔 뭘 내놓지, 하는 고민은 사실 다른 게 아니라
무슨 국을 끓이느냐에 대한 고민이었다.
한국인에게 국을 뺀 밥상이란 생각조차 할 수 없었으니
한국인의 전통 음식 문화는 '국 문화'라 해도 영 생뚱맞은 말은 아닐 것이다.
아무리 궁색해도 사람의 도리와 체면을 쉬 버리지 않았듯이
거칠고 보잘것없는 밥상에도 격식이 있었다.

격식 차린 밥상, 품격 있는 사람을 만나기가 흔치 않은 세상에
《밥상머리 인문학》이라는 제목을 달고 내보내는 이 책의 메시지는
나만의 강연 브랜드가 되다시피 한 '밥상 인문학'을 이루는 뼈대이자
속살이다. 상차림에 대한 정보 제공은 어디까지나 부차적이고,
밥상을 매개로 점점 퇴색해 가는 공동체 의식을 되돌아보며
그 공동체를 이루는 성원인 사람의 도리와 품격에 대해 짚어 보고 싶었다.

그동안 전국을 돌며 강연도 수십 차례 하고,
평생 가르치는 일을 업으로 삼으면서 내 딴에는 각을 잡노라 했지만,
정작 우리 애들에겐 한 번도 가까이서 머리 맞대지 못한 미안함이
이 책을 내게 된 또 하나의 이유이기도 하다.
아버지 부재의 시간을 오래 보낸 내 두 아이에게 미처 하지 못한
때늦은 '밥상머리 교육'이라고나 할까.

어머니는 밥상에 차려 내는 음식으로, 아버지는 그 밥상을 대하는 자세와
태도를 몸소 보여줌으로써 자식들을 가르치셨다.
아버지는 밥상 앞에서 한 번도 반찬 투정을 하거나
어머니를 핀잔하지 않으셨고,
훈계조로 자식들을 나무라거나 우격다짐으로 강요하지 않았으며,
식구 누구도 콕 찍어 타박하거나 차별하지 않으셨다.
아버지는 소학교 문턱도 넘지 않았지만 국문이든 한문이든 막힘이 없었고,
한번 말문을 뗐다 하면 대단한 달변이셨다.

들일에서 돌아와 앞치마를 두르고 서둘러
식구들의 저녁 밥상을 차리시던 어머니, 세상에서 그처럼 거룩하고
아름다운 사람의 모습을 나는 아직 본 적이 없다.
내 밥상은 어머니와 아버지에 대한 그리움의 또 다른 표현이기도 하다.

일면, 성급하고 고집스럽기조차 한 저자를 속 깊은 이해와 신뢰의 눈길로
끝까지 세심하게 배려해 준 궁편책 김주원 대표와
성실한 피드백으로 책의 완성도를 높이는 데 유능한 편집자로서 역할을 다한
이다겸 책임편집자가 없었다면 이미 접어 멀찌감치 밀쳐 두었던 원고가
이렇듯 반듯한 책으로 묶여 세상에 나오는 일은 없었을 것이다.
《밥상머리 인문학》이 나의 책이기도 하지만 이들의 책이기도 한 이유다.
어쩌랴. 이 책과 함께 우리는 이제 운명 공동체가 되었으니.

차례

추천의 글 • 016
책을 펴기 전 저자가 전하는 이야기 • 022

봄

01 내가 꿈꾸는 밥상 • 036
바지락감자쑥국

02 품격의 각도 • 040
냉이된장국

03 언어의 각도 • 044
도다리쑥국, 톳밥

04 새살 같은 시간에 꽃이여 • 050
봄 주안상

05 보릿고개에도 체면은 지켰다 • 054
들깨쑥국

06 양지꽃 같은 사람 • 058
우럭조개쑥국, 머위무침

07 기다리면 기회는 온다 • 062
백합탕

08 먹는 꽃, 못 먹는 꽃 • 066
열무물김치, 두부적

09 시와 밥 • 070
바지락두붓국, 해조덮음비빔밥

10 사랑으로 입은 상처 • 074
문어호박수제비

11 미스킴라일락 • 078
재첩국

12 시인과 어머니 • 082
대합미역국 생일상

13 기억되지 않는 것은 사라진다 • 086
문어애호박국, 곤드레밥

여름

01 불편함이 주는 여유 • 096
소라감잣국, 우엉채밥

02 미안한 사람이 더 그리울 때가 있다 • 100
닭고기육개장

03 하얀, 꽁보리밥 도시락 • 104
콩국수

04 성공한 사람은 복수하지 않는다 • 108
묵채, 찐채소쌈밥

05 떠날 때 떠날 줄 아는 용기 • 112
설칫국

06 만족에도 한도가 있다 • 116
우렁이호박잎국, 오이소박이

07 시인으로 산다는 것 • 120
오이미역냉국

08 '붉은 매와 같은 사나이'와 '콩 세 알' • 124
건진국수

09 어른이라는 자리 • 128
찻물, 보리굴비

10 믿으면 쓰고 쓰면 믿는다 • 132
멸치고추다지개장, 열무비빔밥

11 아침밥과 어머니 • 136
된장국, 가지나물비빔밥

12 생명과 죽음의 품격 • 140
민어맑은탕

13 쌀로 받는 원고료 • 144
순댓국

가을

01 쓸쓸함의 힘 • 154
   아욱된장국

02 너무 달거나 너무 쓰거나 • 158
   추어탕, 부추겉절이

03 아버지의 밥상 • 162
   송잇국

04 사람, 가장 두껍고 값진 책 • 166
   고사리토란국

05 누구에게나 아픈 손가락이 있다 • 170
   바지락탕국, 송화버섯구이

06 무심천과 무쇠솥 • 174
   홍합두붓국, 산적

07 사랑의 방정식 • 178
   냉콩나물국, 낙지볶음

08 탱자탱자 노는 것의 효용성 • 182
   라면탕

09 뒷간 추억 • 186
   닭칼국수

10 '무엇'에서 벗어난 삶의 자유 • 190
   소고기미역국 생일상

11 사과와 용기 • 194
   잔치국수

12 멍게와 전쟁 • 198
   바지락맑은탕, 콩나물비빔국수

13 내 시가 자꾸 짧아지는 이유 • 202
   제삿밥

겨울

01 쉼표를 찍는 용기 • 212
남해 시금치해물칼국수

02 효리 아재와 가죽부각 • 216
굴떡국

03 아침에 떨어진 꽃을 저녁에 주워 • 220
황탯국

04 자리와 능력 • 224
연포탕

05 인생 시는 아직 써지지 않았다 • 228
전복죽

06 닥치고 평화! • 234
매생이굴국

07 성격이 맞지 않아서? • 238
생대구탕

08 싸움의 품격 • 242
물메깃국

09 진정한 고수 • 246
새조개시금칫국

10 죽음을 대하는 자세 • 250
탕국

11 배려의 기술 • 254
시래깃국, 콩나물밥

12 내 삶의 주인 되기 • 258
어묵탕

13 밥 한번 먹읍시다 • 264
소고기뭇국

책을 덮기 전 발행인이 남기는 이야기 • 268

이렇게 문득 양지꽃 같은 사람이 그리운 것은
그런 사람이 썩 드물다는 반증 아니겠는가.

봄

01

봄 첫 번째 밥상

봄, 첫 번째 밥상 차림

바지락감자쑥국

3월에서 4월로 넘어가는 이맘때면 헛간에는 씨눈을 따 내고 남은 씨감자 몸통만이 한 소쿠리쯤 남아 있었다. 아직 햇감자가 나오기엔 일렀다. 딴 씨눈은 본밭에 옮겨져 싹도 채 틔우지 못하고 이때부터 보릿고개가 시작되었으니, 눈이 달아난 이 씨감자만큼 요긴한 먹거리가 없었다.

이른 봄 서둘러 나온 쑥이 반갑긴 하지만 함께 국에 넣을 거리가 마땅찮아 이리저리 살피는 눈에 들어온 씨감자! 내 기억에 이 씨감자를 쪼개서 넣은 쑥국만큼 맛있는 쑥국이 없었다. 도다리와 쑥처럼 감자와 쑥도 찰떡궁합이다. 바지락 살도 듬뿍 넣고 끓인 바지락감자쑥국에 두릅까지 데쳐 초장에 찍는 밥상 앞에서 울컥 목이 메는 이유는.

봄, 첫 번째 밥상 앞에서

내가 꿈꾸는 밥상

살다 보면 입맛을 잃을 때가 있다.
혼자 밥을 먹다 쓴 입맛을 다시며 그만
숟가락을 놓아 버린 적이 더러 있으리라.
입맛도 살맛도 좀체 일지 않을 때일수록 더 정성스레 밥상을
차려 보지만 사는 의욕을 잃었는데 밥맛이 살아날 리 없다.
그렇다고 숟가락을 그만 놓을 수도 없는 노릇 아닌가.

다시 밥상을 차려 밥숟가락을 드는 일이 우리네 삶이고,
그것이야말로 살아 있다는 가장 확실한 징표가 아닐까?
밥숟가락을 놓았다는 말이
이승의 삶을 마감했다는 뜻으로도 쓰이는 건 그래서일 것이다.

그만 다 내려놓고 싶을 때도 있지만,
매일 밥상을 차리고 밥숟가락을 드는 건 아직 삶을,
희망을 포기하지 않았다는 의미다.
내가 SNS에 그날 차린 밥상 사진을 종종 올리는 건,
그것이 희망을 나누는 일이고, 삶의 의욕을 부추기는 일이라고
이해해 주면 이 별난 짓의 이유가 될지 모르겠다.

세상에서 가장 맛있는 밥은 같이 먹는 밥이다.
밥도 꾼이 달아야 맛있는 법.
서로 밥숟가락 권하는 세상이 곧 함께 살아가는
대동세상 아니겠는가.
청주 고두미 마을에서 전국 각지 벗들과 함께 차리기로 했던,
대동밥상의 꿈을 아직 버리지 못하고 있다.

02

봄 두 번째 밥상

봄, 두 번째 밥상 차림

냉이된장국

뭐니 뭐니 해도 봄 향기를 대표하는 건 냉이 향이다. 가장 먼저 맛볼 수 있는 봄나물도 바로 냉이다. 푸른 잎줄기가 나오기 전 이미 묵정밭이나 길가에 보란 듯 똬리를 틀고 있는 냉이는 잎보다도 뿌리에서 향이 더 강하다. 특히 된장국에 넣을 거라면 뿌리가 실할수록 좋다. 냉이된장국에 달래나 싱싱한 바지락을 더하면 금상첨화다.

봄, 두 번째 밥상 앞에서

품격의 각도

사람의 품성과 인격을 품격이라 한다.
품성은 타고난 성질이지만 인격은 사람 됨됨이다.
그리고 됨됨이는 곧 품격으로 나타난다.
됨됨이란 되어 있는 상태, 곧 결과나 현상을 이르는 말이니
반드시 되어 온 과정이 있다.
주체가 의도한 행위와 의지들이 쌓여 모양을 갖추는 과정이다.
시간이 지났다고 해서 저절로 갖춰지는 건 아니다.
그 모양새를 가다듬는 행위가 바로 각을 잡는 일이다.

각을 잡는다는 것은 무엇보다 절제하는 일이다.
절제 없이 각이 잡힌 품격을 기대하는 건 주야장천 마셔 대고
폭식을 일삼으면서 식스팩 몸매를 바라는 바나 마찬가지다.
금욕을 하자는 게 아니다.
적절한 허용과 절제로 욕망을 조절하자는 뜻이다.
그것이 각을 잡는 일이고, 그 각도가 품격의 각이다.

그럼 품격 있는 사람의 각도는 몇 도쯤이면 될까.
음, 80도에서 100도 사이? 왜냐고?
먼저 하한선인 80도는 90도를 기준으로 한껏 숙일 수 있는
겸손함의 각도이다.
상한선인 100도는 자신감과 당당함,
때로는 스스로도 객관화해서 볼 수 있는,
이를테면 제자리에서 팔짱을 끼고 최대한 거리를 유지하며
대상을 지긋이 바라보는 각도라면 설명이 될까.
100도가 넘으면 남을 얕잡아 보는 자세로 비칠 수 있고,
80도 아래로 숙이면 비굴해 보일 수 있다.
이 범위는 저마다 세계관에 따라 달라지겠지만,
재량 폭이 너무 넓으면 원칙 없는 삶이 되기 십상이다.

나이 들수록 몸이 뒤로 넘어가기보다 앞으로 숙여지는 일이 많다.

03

봄 세 번째 밥상

봄, 세 번째 밥상 차림

도다리쑥국, 톳밥

톳밥

톳밥을 짓는 방법은 간단하다. 밥을 안칠 때 생것 그대로 넣어도 되고, 말린 톳을 물에 불려 사용해도 된다. 밥이 다 되면 양념장에 비벼 먹는다. 굴을 함께 넣으면 풍미가 더하다. 굴을 넣든 안 넣든 톳밥은 '백미쾌속'으로 짓는 게 좋다.

톳으로 흔히 해 먹는 음식이 톳두부무침인데 이 또한 조리법이랄 것이 없다. 톳을 데쳐 소금, 참기름, 깨소금으로 간을 해서, 역시 살짝 데치다시피 팔팔 끓는 물에 넣었다 꺼낸 두부와 주물럭주물럭 섞어 주면 끝이다. 흠이라면 톳을 데치기 전후 고르고 손질하는 일이 좀 성가시긴 하다.

도다리쑥국

바닷가에 사는 사람들은 바다도 계절에 따라 색깔이 바뀐다는 사실을 안다. 때마다 해조류 등 바닷속 생물 분포가 달라지기 때문이다. 흔히 봄 도다리, 가을 전어라고 하지 않던가. 이렇듯 도다리가 바다의 봄을 대표한다면, 뭍의 봄을 대표하는 것은 쑥이다. 사람보다 민감하게 봄기운을 알아채고 잔디를 살짝 들춰 고개를 쏙쏙 내미는 쑥. 그래서 봄 밥상에 가장 먼저 오르는 계절 음식이 쑥국이다. 이러니 봄을 대표하는 음식을 도다리쑥국이라 말한들 누가 토를 달겠는가.

도다리쑥국은 레시피고 뭐고 할 것도 없다. 아니, 조리법이 복잡해지면 제맛이 안 난다. 톡톡한 쌀뜨물에 재래 된장을 살짝 풀고 큼직큼직 토막 낸 도다리를 넣어 팔팔 끓인 후, 손질해 놓은 쑥을 듬뿍 넣고 파래질 정도로만 슬쩍 끓여 내면 끝이다. 들깻가루, 마늘, 파 따위는 도다리와 쑥 향을 해치므로 피하는 게 좋다. 무슨 음식이든 본디 재료가 가진 맛을 살리는 게 가장 좋은 조리법이다.

봄, 세 번째 밥상 앞에서

언어의 각도

큰애보다 더 미안하고 마음에 걸리는 건 작은애다.
여덟 살 터울인 형은 초등학교 3학년까지 거창에서 함께 지낸 세월이 있어
아버지 부재가 그나마 짧았지만, 작은애는 태어나고 얼마 지나지 않아 내가
혼자 남해로 떠나는 바람에 어릴 때부터 아버지 없는 시간을 보내게 했다.

남해에서 4년 만에 진주로 나왔을 때 식구들도 거창에서 이사 와 작은애는
어린이집에 다녔다. 함께 차를 타고 어디를 갈라치면 내릴 때까지
혼자 끊임없이 이야기를 지어 중얼거렸다.
초등학교 가서도 반장까지 맡으며 말 하나는 똑 부러지는 아이였는데
커서는 말수가 적어지고, 국어나 사회 같은 문과 과목보다
수학, 과학 같은 이과 과목을 오히려 잘했다.

나와 영 딴판인 아이들의 언어 부진이 내 탓으로만 여겨졌다.
말하고 쓰는 일을 업으로 삼지 않았다면 죄책감이 좀 덜했을지 모르겠다.
실은 나도 초등학교 다닐 때만 하더라도, 아니 중학교, 고등학교 때까지도
사람들 앞에서 말하는 게 두렵고 자신이 없었다.
더 어릴 적에는 말이 어눌했고, 요즘도 말을 빨리하면 더듬는다.

말을 잘한다는 게 무엇일까.

거침없이 유창하기보다는 반듯하게, 그야말로 각이 잡히도록 말하는 것이다.

언어에 온도가 있다고 하듯 각도라는 것도 존재한다면

품격 있는 언어의 각도는 몇 도쯤일까. 역시 80도에서 100도쯤?

너무 오만하지도, 그렇다고 지나치게 겸손을 떨지도 않는,

바로 그 자존감의 각도 정도면 괜찮지 않을까.

04

봄 네 번째 밥상

봄, 네 번째 밥상 차림

봄 주안상

"나 죽으면 부조돈 오마넌은 내야 돼 형, 요새 삼마넌짜리도 많던데 그래두 나한테는 형은 오마넌은 내야돼 알았지 하고 노가다 이아무개(47세)가 수화기 너머에서 홍시냄새로 출렁거리는 봄밤이다."

김사인 시인의 〈봄밤〉 한 소절이다. "노가다 이아무개"의 "홍시냄새" 물씬한 목소리가 내 "수화기 너머"에서도 출렁일 듯한 그런 봄밤이다. "부조돈 오마넌" 대신 주안상 하나 차려 오랫동안 소식 뜸했던 벗이라도 불러 같이 그윽해지면 어떨까.

때마침 봄물 오르는 텃밭에서 두릅 순을 꺾고, 멍게와 미나리는 데치고(생것도 괜찮다), 청란 몇 개에다 막걸리 두어 병이면 "오마넌"까지 들 것도 없다. "삼마넌"이면 족하다. 죽은 다음에 "부조돈 오마넌" 내면 뭐하나? 피차 살아 있을 때 따뜻한 밥 한 그릇, 술 한 잔이라도 나누는 게 천 번 만 번 낫지. 그렇잖은가?

봄, 네 번째 밥상 앞에서

새살 같은 시간에 꽃이여

나도 이렇게 꽃을 피울 수 있구나!
예전에는 꽃이든 풀이든 아무리 멀쩡한 것들도
내가 있는 공간에 오기만 하면 시들고 말라 죽어 나갔다.
이런 내 곁에서 천연스레 꽃이 피었으니,
어쩐지 이 또한 사람의 능력 같아서 우쭐해지기까지 한다.

언제부터인가 같은 공간에서 숨 쉬며 한 번씩 눈길을 마주치던,
애기 손바닥만 한 다육이 하나가 옥수수 튀밥보다 작은 꽃을 피웠다.
저 꽃인들, 어찌 상처 없이 피어난 것이랴.
내게도 견디기 힘든 상처로 일생이 온통 절뚝대는 듯한 날이 있었다.
그 무렵 각별하게 지내던 시인이 낸 첫 시집 발문에 이렇게 썼다.

"…… 어느 때보다 사람의 문제에 대해 깊은 관심과 애정을 기울였던
최근 몇 해 동안, 이전까지 만났던 열 배 정도의 사람을 만났고,
이전까지 헤어진 백 배 정도의 사람이 떠나갔다.
특히나 한곳을 바라보고 있다고 생각했던 사람이, 사람들이 하루아침에
뿔뿔이 흩어져 나와 다른 곳을 바라보며 내달리고 있을 때,
더러는 사정없이 내 뒷덜미를 후려치고 넘어진 나를 잔인하게 밟고 지나가는
아주 낯익은 이들의 낯선 등을 바라볼 때,
그리하여 다시 내가 시를 쓸 수 있을까를 번민하고 절망할 때,

여전히 그 자리를 묵묵히 지켜 주고 있는 시인은,

상처 받은 나를 위로하는 시인의 시는 그래서 더 소중하고 각별할 수밖에…….”

상처를 주는 것도 사람이지만 상처를 치유하는 것도 사람이라는 걸 알았다.

떠난 이보다 다시 열 배, 백 배 많은 사람이 지금 곁에 있고

오늘도 나는 그들 속에서 위로 받고 위로하며 새살 같은 시간을

살아 내고 있지 않은가.

사람에 대한 욕심을 비우는 일이야말로

사람에게 상처 받지 않는 길이라는 걸 너무 늦게 깨달았다.

때가 되면 꽃이 피고 지듯 사람을 맞고 보내는 것에

점점 무심해지는 까닭은 사람에 대한 욕심이 없어졌다기보다

욕심을 내려놓는 일에 익숙해졌기 때문이 아닌가 싶다.

분명한 건 용서든, 망각이든 마음 하나 비우면

이처럼 뭇 생명이 모두 편안해진다는 사실이다.

저 작은 꽃송이 하나가 예사롭지 않은 이유다.

05

봄 다섯 번째 밥상

봄, 다섯 번째 밥상 차림

들깨쑥국

쑥, 냉이, 달래 따위 봄나물은 지천인데 산골에서 도다리나 숭어를 어찌 구한단 말인가. 이럴 때 쉬 엄두 내 볼 수 있는 음식이 들깨쑥국이다. 흔히 국물을 툭툭하게 하는 데는 쌀뜨물을 쓰거나 들깻가루를 넣는 방법이 있다. 들깨쑥국은 쌀뜨물로 국물을 잡되 마지막에 들깻가루를 풀어 한소끔 더 끓여 낸다. 간은 된장만으로도 충분하고, 멸치나 디포리, 다시마를 진하게 우려 쌀뜨물과 섞어야 한층 게미가 있다.

쑥국에 쌀뜨물이나 들깻가루를 넣고 된장으로 간을 하는 것은 쑥만으로는 너무 쓰고 향이 진해 먹기가 거북해서이다. 쑥대밭, 쑥대머리, 쑥굴헝, 쑥쑥하다 따위 뭔가 곤궁하고 어수선한 분위기를 풍기는 '쑥'이지만, 한국인에게 쑥이 없었다면 그 험한 보릿고개를 어찌 버텨 냈으랴. 나이 든 사람에게 가장 익숙하면서도 넌덜머리 나는 냄새가 쑥 향이 아닐까? 그래도 봄기운이 퍼질 즈음 가장 먼저 반겨 찾는 나물이 쑥인 걸 보면 우리 민족과 생사고락을 같이해 온 숙명적인 식생이 아닌가 싶다.

봄, 다섯 번째 밥상 앞에서

보릿고개에도 체면은 지켰다

통영에서 전문직 워크숍이 있어 다녀오는 길이다.
가던 길과 오는 길이 완연히 다르다.
분분히 날리긴 했지만 꽃잎이 아직 무성해 화사하던 벚나무 가로수가
하루 사이 꽃잎을 떨군 꽃자루의 붉은 빛깔과
금세 돋은 철황색 잎들로 뒤덮여 전혀 다른 표정을 하고 서 있다.
시시각각 다른 것이 봄빛이다.

바야흐로 꽃은 지고 잎이 돋는 시절,
두릅 순이랑 엄나무 순이랑 화살나무 잎이랑……
저 연둣빛을 살찌우는 데 한몫하고 있을 것이다.
연두! 식욕을 돋우며 일순 입에 침이 고이게 하는 새순 같은 빛깔.

실은 잎이 솜털을 벗으며 두터워지고,
풀이 쑥쑥 몸집을 키우는 지금이야말로 가장 배고픈 시기였다.
지난가을에 거둔 나락은 바닥이 나고
논엔 아직 패지 않은 보리가 이삭을 배 속에 품고 있는,
굶주림에 대한 인내가 한계점에 이른 바로 이때가 보릿고개였으니.

흔하디흔한 밀가루도 아닌 밀기울로 쑥을 버무려 쑥범벅을 해 먹고
여린 소나무 껍질을 벗겨 송기죽을 쑬지언정
알곡을 밴 보리에 차마 낫을 대지 않았다.
굶을지언정 밥때에 남의 집 앞을 서성이지 않았다.
그 속에서도 어쩌다 쑥범벅 한 덩어리가,
서둘러 캔 감자 몇 알이 담장을 오갔다.

가진 사람이 체통을 지키고 나눠 주긴 쉽다.
하지만 없는 사람이 체면을 차리고 제 것을 나누는 건
정신 똑바로 차리고 마음 한쪽을 도려내 주는 일이다.
두어 번 헛기침과 함께 반도 더 남은 밥그릇을
슬쩍 밀어 놓으시던 아버지는
그렇게 식구들에게 체면을 세우고 가장으로서 격식을 차리셨다.

06

봄 여섯 번째 밥상

봄, 여섯 번째 밥상 차림

우럭조개쑥국, 머위무침

우럭조개쑥국

우럭조개를 코끼리조개, 왕우럭조개와 같은 것으로 혼동하는 이들이 많다. 그러나 셋 다 각기 다른 종류다. 특히 왕우럭조개와 우럭조개는 모양이 거의 같고 살을 발라 놓으면 구별하기가 더욱 쉽지 않다. 그렇지만 남해 현지인에게 듣기로 왕우럭조개는 그 이름에 걸맞게 우럭조개보다 크단다. 우럭조개는 바닷속 진흙에 깊이 박혀 살아 해녀나 잠수부들이 직접 채취하기에 귀한 만큼 비싸다. 그래서 대부분 숙회나 초밥용으로 쓰지만, 쑥국에 넣은들 그 쫄깃한 식감이 어디 가겠는가.

머위무침

몸이 나른해지고 밥맛도 없는 봄철, 입맛을 되돌리는 데는 머위만 한 것이 없다. 시골에서는 머굿대라 하여 대개 잎이 달린 줄기째 삶아 쓴맛을 우린 다음 된장, 참기름, 통깨를 뿌려 무치거나 쌈으로 먹는다. 어릴 적 뒤란 담장 밑 어둡고 습한 곳에 무성했던 머위 잎이 기억에 생생하다.

봄, 여섯 번째 밥상 앞에서

양지꽃 같은 사람

사무실 창밖 길 건너에 있는 앞산이 눈에 띄게 달라졌다. 환해졌다.
해마다 새롭고 찬란한 저 봄빛을 누가 만들어 낼까?
어릴 때 시골에 살면서 봄이면 논둑이며 밭둑이며
야트막한 야산 언덕에 잔디보다 낮고 민들레 꽃 반의반쯤이나 될 만치
작고 노란 꽃이 숨다시피 피어 있는 모습을 보며 가슴이 따스해지곤 했다.

양지바른 곳에 피던 그 꽃이 양지꽃이라는 걸 그때 알았다.
생명력이 강해 봄 내내 피어 있지만 굳이 들춰 찾지 않으면
그대로 지나칠 만큼, 몸을 숨기고 자신을 쉬 드러내지 않는다.
온갖 빛깔과 모양을 뽐내며 시선을 끌려는 여느 꽃들과는 사뭇 다르다.
작고, 낮고, 여린 것들이 마냥 크고 강퍅한 것들의 틈새를 채워 주지 않는다면
봄 언덕이 어떻게 저리 부드럽고 환할 수 있으랴.

사람도 자신이 빛나기보다는
자신이 속한 무리 전체를 살려 빛나게 하는 사람이 있다.
주변을 돋보이게 하여 마침내 스스로도 돋보이는 사람.
그런 사람이 있으면 주위가 환해지고 생기가 돈다.
함께 있는 이들도 하나같이 반작인다.
이런 사람은 있을 땐 그다지 드러나지 않지만 어쩌다 없으면
그 빈자리가 대번에 느껴진다.
그게 바로 사람이 가지는 무게, 곧 존재감이다.

서로 제가 잘났다고 발꿈치를 드는 세상이다.
이렇게 문득 양지꽃 같은 사람이 그리운 것은
그런 사람이 썩 드물다는 반증 아니겠는가.

07

봄 일곱 번째 밥상

062 | 밥상머리 인문학

봄, 일곱 번째 밥상 차림

백합탕

껍데기 안쪽과 속살이 하얘서 흰 백白에 조개 합蛤 자를 쓴 줄 알았는데 백 가지의 각양각색 무늬를 지니고 있어 백합이라고 부른단다. 백합은 전복에 비견될 정도로 맛이 좋고, 또 흔히 볼 수 있는 게 아니라 조개 가운데서는 몸값이 비싼 편이다. 그래서인지 옛적부터 귀한 대접을 받으며 임금님 수라상에 오르던 진상품이기도 하다. 지금은 조개구이집에 가면 제일 먼저 은박지에 싸서 올려 주는 것이 바로 이 백합인데 이렇게 맑은 탕으로 끓여도 풍미를 오롯이 맛볼 수 있다. 한 술 뜨면 과연 깔끔하고 개운한 국물 맛이 일품이다.

봄, 일곱 번째 밥상 앞에서

기다리면 기회는 온다

여느 해보다 올해는 개화가 늦다.
페이스북 '과거의 오늘'을 보니 이맘때 산수유와 목련이 만개했다.
여기 청학동이 고지대임을 감안하더라도 목련이 아직
망울도 터뜨리지 않은 걸 보면 적어도 일주일이나 열흘은 늦는가 싶다.
어쨌든 꽃 피는 봄은 곧 올 터이다.

봄이야 이렇듯 늘 찾아오는 것이지만,
그리고 때맞춰 꽃도 피어날 테지만 누구에게나 마음에까지
똑같은 봄이 오고 똑같은 꽃이 피는 건 아니다.
유례없이 시끄러웠던 봄, 돌개바람이 지난 자리는 언뜻 잠잠해진 것 같다만
속사정은 저마다 다르고 희비는 극명히 갈려 있을 게 뻔하다.

인생지사 새옹지마요, 가장 반가운 복은 전화위복이다.
사람들의 마음은 좀 더 작고, 낮고, 어두운 곳으로 기울어지기 마련이다.
겸허히 기다리는 이에게 기회는 반드시 온다.
눈앞의 결과에 마냥 일희일비할 일이 아니다.

08

봄 여덟 번째 밥상

봄, 여덟 번째 밥상 차림

열무물김치, 두부적

"해야 해야 나오너라. 김칫국에 밥 말아 먹고 장구 치며 나오너라!"

초등학교 때 배웠던 전래 동요 '해야 해야 나오너라'의 가사다. 여름날 신나게 물장구치며 몇 시간이고 멱을 감던 아이들이 하나둘씩 물 밖으로 나올 때 보면, 으레 입술이 새파래져서 오들오들 떠는 모습들이다. 이때 부르는 노래가 '해야 해야 나오너라'라고 기억한다.

대개 김칫국이라고 하면 익은 김장 김치와 콩나물을 넣어 끓인 것을 꼽는다. 겨울에 어김없이 생각나는 김칫국 한 그릇⋯⋯. 여기 식은 밥을 넣어 끓이면 국밥, 경상도 말로 국시기가 된다. 늦봄부터 초여름에는 제철인 열무로 겉절이나 국물을 넉넉하게 잡은 물김치를 담갔다. 특히 이 물김치를 오이냉국처럼 예사로 국 삼아 먹기도 했으니 '해야 해야 나오너라'의 배경이 여름인 걸 감안하면 노랫말 속 김칫국은 물김치가 아닐까, 하고 추측해 보게도 된다. 하긴 물속에서 나와 한기에 떨고 있는 아이들에겐 물김치보다 뜨뜻한 그 김칫국이라고 해도 전혀 어색하지 않다.

봄여름에 흔하디흔한 푸성귀로 만든 국과 찬에 두부적을 곁들이면 단백질 보충도 할 수 있겠다. 나는 두부에 밀가루나 날달걀을 묻히지 않고 기름만 살짝 둘러 굽는다. 그렇기에 이건 두부전보다는 두부적이라고 하는 게 맞다. 어릴 때도 두부적이라고 들었다.

봄, 여덟 번째 밥상 앞에서

먹는 꽃, 못 먹는 꽃

진달래꽃, 찔레꽃, 감꽃……. 어릴 때 예사로 먹던 꽃들이다.
이 밖에 먹어 본 꽃은 별로 기억나는 게 없다.
아, 또 있구나! 아직 피지 않은 꽃까지 치면 '삐삐'라고 불렀던 뻘기.
요즘은 패고서야 하얗게 일렁이는 언덕에
눈길이 가는 뻘기를 한 줌씩 뽑아 들고 다니며 질겅질겅 씹었던 기억이 난다.
진달래꽃이든 찔레꽃이든 감꽃이든 뻘기든
모두 3월에서 5월까지 패든지 배는 봄꽃이다.
왜 먹는 꽃은 대부분 다 봄꽃일까?

독기 서린 봄꽃은 없더군요.
그 속에 제 열매를 품고 있기 때문이겠지요.

어머니

거기도 순한 꽃들
젖내 다디단 봄이겠지요.

오인태, 〈봄꽃〉 전문

나는 그 까닭을 봄에 피는 꽃들은 씨방이든 꽃받침이든

대개 여름이나 가을에 열매가 될 꽃들로,

그 속에 제 열매를 품고 있기 때문이라 여겼다.

사람이든 짐승이든 어린 새끼에게 가장 안전하고

영양가가 풍부한 먹이는 어미의 젖일 것이다.

씨앗을 배고 있는 꽃이나 자식을 키우는 모성이 독기를 품을 리 없다.

반면 요즘 한창인 여름꽃들은 하나같이

보란 듯 선명하고 화려하고 농염하다.

독기가 선연하다. 먹을 수 있는 꽃이 거의 없다.

한국 사람만큼 자식 사랑이 지극하고 유별난 이들이 없을 것이다.

내 강연의 청중 대부분은 학부모이다.

나는 묻곤 한다.

"목숨보다 더 사랑스러운 내 아이에게 아침밥은 먹여서 학교에 보내느냐?"고.

애들에게 약이 되는 밥을 먹이는 일만큼

더 중요하고 극진한 자식 사랑이 있겠는가.

09

봄 아홉 번째 밥상

1. 해조는 구하기 쉬운 것들로 편히 준비한다. 파래, 김, 가사리, 매생이 같은 것을 잘게 찢은 후 달군 솥에서 순식간에 덖어 낸다. 해조를 덖는 건 눅기를 없애려는 이유도 있지만, 살균을 위한 나름의 위생적 고안에 따른 것이다.

2. 다음은 덖은 해조를 무칠 양념장을 만든다. 물 한 컵과 진간장 한 컵을 섞은 데에 물엿과 참기름, 깨소금을 적당히 넣어 저으면서 구미에 따라 각 양념의 양을 조절한다.

봄, 아홉 번째 밥상 차림

바지락두붓국, 해조덮음비빔밥

남해에 살 때는 나름 격식 갖춘 밥상을 자주 차리기도 했지만 워낙 모임이 잦아 외식도 많았다. 외식이 달갑잖은 건 인공 조미료의 느끼함도 그렇거니와 바깥에서 사 먹는 음식이 으레 섬유질이라곤 없는 단백질이나 탄수화물 덩어리라서 말이다. 한마디로 입안에 감치거나 곱씹는 맛이 없다.

회식 후 장이 불편할 때 자주 해 먹는 음식이 해조덮음비빔밥이다. 해산물이 귀한 내륙 사람들에겐 생소할 수 있는 차림이겠다. 모름지기 비빔밥은 숟가락보다는 젓가락으로 비벼야 한다. 데쳐 무친 나물은 예외지만, 특히 이 해조덮음비빔밥은 숟가락으로 비볐다간 떡이 되기 십상이다. 떡이 된 비빔밥 먹고 기분까지 눅눅해질 일 없잖은가.

3   마지막으로 덮은 해조에 부추와 청양고추를 적당히 썰어 넣고 양념장을 뿌려 무치면 된다. 주의할 점은 밥을 내기 직전에 겉절이 하듯 건듯건듯 무치시라는 것이다. 해조는 미리 무쳐 놓으면 풀이 죽어 버리기 때문이다. 덤으로 문어나 소라 숙회 몇 점 얹으면 이보다 더 좋을 수가 없다.

봄, 아홉 번째 밥상 앞에서

시와 밥

시인에겐 시가 곧 밥이요, 밥이 곧 시인지라
살아 있는 한 시를 포기할 수도, 밥을 포기할 수도 없는 노릇이다.
요즘에는 아무래도 시보다 밥에 더 마음 쓰다 보니
이런 난처한 지경에 처하게도 되나 보다.
어제 오랜만에 수백 개의 읽지 않은 메일을 지우다 확인한 것인데,
이달 말 그러니까 내일까지 새로 써서 보내야 할 시가 두 편씩 두 군데 있었다.
도대체 하루 만에 네 편의 시를 쓴다는 게 가능한 일인지…….

글쟁이에게 글 빚은 숙명이다.
특히 시인에게 시는 시간으로 해결될 문제가 아니다.
하루에 몇 편씩 써지는 날이 있는가 하면,
한 달 내내 한 편을 못 쓸 때도 있으니. 그래서인가.
시인을 직업이라고 여기는 생각 자체가 터무니없긴 하지만,
언젠가 본 통계에서는 수명이 가장 짧은 직업이 시인이고
그 다음이 프로 운동선수였다.
그만큼 시 창작이 기운을 많이 소모하는, 힘든 일이라는 증거겠다.

오늘도 퇴근길에 저녁 먹는 모임이 있어 밥을 해결하고 들어왔다.

이렇게 외식이 잦으면 일상도 몸도 망가진다.

외식은 대개 회식이기 마련이고,

회식을 하다 보면 많은 양을 늦게까지 먹게 되고,

화학조미료도 그만큼 섭취하니 몸이 온전할 리 없다.

어쩌면 밥을 먹는 일도,

시를 쓰는 일도 중심을 잡는 일이 아닌가, 하는 생각이 든다.

10

봄 열 번째 밥상

봄, 열 번째 밥상 차림

문어호박수제비

내가 가장 만만하게 다루는 재료가 문어다. 술안주로도 이만한 게 없다. 문어는 식감이 좋을 뿐 아니라 영양도 풍부해 효능이 다양하다. 특히 놀라운 사실은 문어가 낙지과 연체동물 가운데 가장 머리가 좋다는 것이다. 이름부터 '문어文魚'이지 않나. 그래서인가. 아이들의 발육과 학습력 증진에 탁월하다. 실은 두뇌 활동을 촉진하는 DHA와 EPA 성분이 들어 있어 그렇다. 어릴 때 제사가 끝나면 애들에게 상에 올렸던 문어 다리 하나씩을 잘라 입에 물린 이유가 다 있었다.

아무래도 이 문어호박수제비는 나만의 레시피를 좀 알려 드려야 겠다. 이건 깔끔하고, 칼칼하고, 담백한 맛이 생명이다.

1. 먼저 문어를 삶는다. 문어가 삶기면 붉은 물이 우러나는데, 문어의 몸에서 염기성 물질이 나와 그렇다.
2. 문어가 익으면 건져 내서 일부는 숙회로 먹고 나머지는 다시 문어 삶은 육수에 넣어 끓인다. 간은 메주 간장보다는 멸치 액젓으로 맞춰야 더 개운한 맛이 난다.
3. 한소끔 끓으면 둥근 조선호박을 듬성듬성 칼질해 넣고 청양고추도 적당량 썰어 다진 마늘과 함께 넣은 다음 한 번 더 살짝 끓인다. 이렇게 하면 문어호박국이 된다.
4. 여기에 수제비를 빚어 넣은 것이 문어호박수제비. 물론 수제비는 조선호박과 청양고추를 넣기 전에 투하한다.

봄, 열 번째 밥상 앞에서

사랑으로 입은 상처

이즈음 벌써 지는 꽃이 있고, 아직 피는 꽃이 있다.
저 꽃잎 뚝뚝 떨어져 나간 자리마다 새살처럼 열매가 돋아 맺히리라.
꽃이 피는 일도 맨살을 뚫고 나오는 일이고
꽃이 지는 일도 맨살이 떨어져 나가는 일이다. 어찌 아프지 않겠는가.

꽃이 피고, 지고, 열매 맺고 하는 일 자체가 사랑이다.
사랑 없는 결실이 있을 수 없는 것처럼 아픔 없는 사랑도 없다.
사랑하니까 아프고, 아프면서 사랑하고, 사랑하면서 아픈,
끊임없는 사랑과 아픔의 연속이 사람의 삶이다.

살다 보니 어쩔 수 없이 사랑도 하고 싸움도 하기 마련이다.
사랑은 나와 동일화하는 데서, 싸움은 나와 분리해 대상화하는 데서 발생한다.
그래서 싸움으로 받는 상처보다 사랑으로 입는 상처가 더 큰 법이다.
사랑을 떠나보냈으면서도, 아니 떠나보냈다고 다짐하면서도
아직 놓지 못해 생긴 아픔이니, 그 상처가 더 오래가고 깊을 수밖에.
그러니 어찌 저 꽃들에 무심할 수 있으랴.

이렇게 꽃 피고 지는 봄이면 명치끝이 무시로 아려 오는 것은
내게도 아직 내려놓지 못한 사랑이 있어서인가.
그런들 그 정체를 도무지 알 수 없으니
오늘도 어디를 향하는지 모를 그리움이 분분 날려 쌓인다.

11

봄 열한 번째 밥상

1 재첩은 진흙과 모래가 범벅인 강바닥에 사는 생물이므로 해감을 잘해야 한다. 하루 정도 물에 충분히 담가 둔다.

2 해감이 다 빠진 재첩은 깨끗이 씻어 끓인다.

3 솥뚜껑이 들썩일 정도로 끓어오르면 주걱으로 저으며 위에 거품이 뜰 때마다 걷어 낸다. 이 과정에서 대개 알맹이와 껍데기가 분리된다. 그렇지 않은 것들은 하나하나 살을

봄, 열한 번째 밥상 차림

재첩국

재치, 강조개, 갱조개, 가막조개라고도 불리는 재첩은 바닷물과 민물이 드나드는 강바닥에서 자란다. 큰 것은 어른 엄지손톱만 하고 작은 건 새끼손톱만 하다. 원래 주산지는 낙동강 하구인 부산 구포, 명지, 하단 등이었으나 1970년대 들어 사상공단을 중심으로 산업화가 급속히 진행되면서 개체 수가 빠르게 감소했다. 그러다 낙동강 하굿둑이 완공되면서 명맥이 끊기고 말았다. 지금은 섬진강 하구 하동으로 주산지가 대체되었으나 그마저도 생산량이 줄어들고 있어 요즘은 쉽게 구할 수 없는 귀한 몸이 되었다. 재첩은 타우린이 풍부해서 간 건강에 좋아 해장국 재료로는 그만이다. 다만 크기가 작아 다루기 힘들고, 무엇보다 해감에 신경을 곤두세워야 하니 만만히 보기 어려운 재료다. 입맛이 당기기는 하지만 번거로운 조리 과정을 감당할 엄두가 안 난다면 손질된 시판 재첩국으로 대신하는 것도 좋다. 여기다 채소만 취향껏 곁들이면 된다. 특히 애주가들에게 이 방법을 권한다.

골라내야 하는데, 여간 성가신 일이 아니다.
4   국물은 면포로 걸러 담아 두고 알맹이도 찬물에 씻어 따로 보관한다.
5   재첩국이 생각날 때마다 미리 만들어 둔 국물에 건더기와 부추, 혹은 애호박 채나 호박잎 등을 더해 끓여 내면 제법 먹을 만하다.

봄, 열한 번째 밥상 앞에서

미스킴라일락

자신도 모르게 주위를 두리번대며 코를 킁킁거리게 하는 꽃이 있다.
향이 천 리, 만 리까지 퍼진다는 은목서와 금목서가 그렇다.
또 있다. 수수꽃다리. 흔히 말하는 라일락이다.
"리라꽃 향기를 나에게 전해 다오."
베사메 무초 가사에 등장하는 리라꽃이 라일락이라는
사실을 아는 사람은 많지 않을 테다.

라일락 가운데서 가장 인기 있는 품종은 미스킴라일락이다.
당시 미군정 소속 미국인 식물 채집가가 북한산에서
털개회나무를 채취해 개량한 품종인데,
그때 작업을 도와주던 한국인 타이피스트가
김씨 성을 가진 아가씨여서 이름을 그리 붙였단다.
우리나라에서 흔히 볼 수 있는 라일락도 이 미스킴라일락이다.
쉽게 말해 수수꽃다리가 물 건너갔다가
라일락으로 역수입된 거라 보면 되겠다.
수수꽃다리와 라일락이 언뜻 보아서는 구별하기 어려운 이유도
그래서일 것이다.

지금 남도는 어디를 가든 온통 미스킴라일락인지 수수꽃다리인지,
꽃향기로 어질어질하다.
문득 생뚱맞게 드는 궁금증 하나.
왜 오월에 피는 나무 꽃들은 대개 보랏빛을 하고 있는 건지.
라일락, 오동나무 꽃, 등꽃…….
아주 잊은 듯한데 아직 잊히지 않아
아스라이 떠올랐다 사라졌다 다시 떠오르는,
그래서 자꾸만 실눈을 하게 되는 그런 오월이면 생각나는 사람,
누구나 있을까?

12

봄 열두 번째 밥상

봄, 열두 번째 밥상 차림

대합미역국 생일상

남해에서 살 때는 생일 미역국에 소고기를 넣은 적이 거의 없다. 평소에는 잔 비늘을 가진 흰 살 생선으로 미역국을 끓였는데, 생일상에는 아무래도 눈 뜬 생선보다는 바지락, 백합, 홍합, 모시조개, 대합 등 조갯살을 주로 썼다. 대합미역국에 민어구이 한 동가리면 그다지 서운할 게 없는 생일상이다. 게다가 귀한 가죽부각까지 곁들인다면 무얼 더 바라랴.

봄, 열두 번째 밥상 앞에서

시인과 어머니

유마거사는 병문안 온 문수보살에게 "중생이 아프면 보살도 아프다."며
"중생들의 아픔이 남아 있는 한 제 아픔도 남을 것"이라고 했다.
중생과 보살이 다르지 않은 한 몸이라는 뜻을 설파하신 것이다.

《유마경》을 빌려, 시인은 보살과 같은 존재라고 말하곤 한다.
시인의 실체를 이보다 더 간명하게 설명할 수 있는 말을 아직 찾지 못했다.
세계가 아프면 시인이 아프다. 그렇다.
시인은 천성적으로 세계의 문제를 자신의 문제로 여기며 공감하는,
아니 공명하는 존재다. 시인은 타고난다는 말은 그래서 나온 것이리라.

여기서 '타고난다'라는 표현을 하늘이 점지했다는
맥락으로 받아들일 수는 없다.
어머니의 몸, 모태로부터 물려받았다는 뜻으로 이해하는 것이 마땅하다.
태아일 때는 물론 태어나서도 한참 동안 어머니와 한 몸이다시피 하면서
그 심성에 영향을 받을 수밖에 없으니.

어머니는 작은 생명들이 지천인 시골 살이를 하면서
벌레 하나도 필요 없이 해치지 않으셨다.
흔한 쉰발이나 노래기, 파리조차 함부로 짓이기는 모습을 보지 못했다.
목숨 달린 것을 함부로 말라고, 또 사람에게 모질게 하지 말라고 이르셨다.
내가 스물네 살 되는 해에 어머니는 세상을 뜨셨다.
어머니 같은 봄꽃들이 또 속절없이 피고, 지고 있다.

13

봄 열세 번째 밥상

---

1. 말린 곤드레를 불린 후 물기를 꼭 짜낸다. 한참 불려도 뻣뻣함이 가시지 않으면 한 번 삶아도 된다.
2. 밥을 안칠 때 쌀 위에 곤드레를 골고루 펴서 함께 익힌다.
3. 밥이 되는 사이 양념장을 만든다. 재래간장에 양조간장과 참기름을 더하고 고춧가루, 들깨, 송송 썬 쪽파를 넣으면 완성이다.
4. 밥이 다 되면 곤드레와 잘 섞어 밥공기보다 넉넉한 대접에 담아 양념장에 비벼 먹는다.

봄, 열세 번째 밥상 차림

문어애호박국, 곤드레밥

곤드레 만드레 우거진 골로
우리네 삼동네 보나물 가세

한치 뒷산의 곤드레 딱죽이 임의 맛만 같다면
올 같은 흉년에도 봄 살아나지
아리랑 아리랑 아라리요 아리랑 고개로 날 넘겨주게

앞엣것은 구전민요 정선아라리의 일부고, 뒤엣것은 정선아리랑의 한 대목이다. 천대 받던 먹거리들이 건강식품으로 몸값을 불린 요즈음 곤드레도 개중 하나가 되었지마는, 이처럼 민요에 예사로이 등장한 걸 보면 우리 민초들이 흔히 먹던 음식으로 추정된다. 그렇긴 하나, 사실 누가 쓰고 거친 산나물로 지은 밥이나 찬을 즐겼겠는가. 하도 곡식이 궁해 곡물로는 양을 채울 수 없으니 흔한 나물로라도 배를 불리려던 고육지책이었을 뿐이지. 곤드레의 정식 명칭은 고려엉겅퀴다. 드세기로 유명한 엉겅퀴가 이름에 붙은 것만 보아도, 이걸 식재료로 삼아 온 그들의 고단함이 느껴진다.

봄철 정선, 평창, 영월 등 강원도에서 채취하는 곤드레는 그맘때 어디서든 생것으로 쉽게 구할 수 있지만 말려 놓은 걸 사다 두면 필요할 때마다 물에 불려 나물로도, 곤드레밥으로도 해 먹을 수 있다.

봄, 열세 번째 밥상 앞에서

기억되지 않는 것은 사라진다

첫 번째.

가장 꽃다울 무렵의 생명들이 어둡고 좁고 추운 곳에서

가뭇해지는 호흡을 이어 가며 실낱같은 희망을 놓지 않은 채

죽음의 아주 긴 순간을 보냈을…… 꽃봉오리처럼

떨어진 아이들이나, 꽃들을 다 잃고 망연자실하여

제 그림자에 겨우 의지한 나무 같은 우리나, 이보다 더 잔인할 수가 없다.

두 번째.

어제 두 군데 조문을 다녀왔다. 그중 한 곳은 대학 동기의 딸 빈소였다.

세상에 열 건밖에 보고되지 않은 희귀병으로 오랜 시간 고생하다

이승을 뜬, 스물여섯으로 마감한 생애 앞에서

모든 아름다운 것들은 일찍 떠나는구나 싶어 살아 있다는 게

참 비루하고 구차하게 느껴졌다.

하필 대지의 기운이 가장 왕성하고 생명력이 충만한 계절에 만난

두 번의 죽음을 환기하는 것은 살아남은 자로서

좀 더 떳떳하게 살라는 다짐이자 영원히 기억하기 위한,

다시 쓰는 비망록이기도 하다. 기억되지 않는 것은 모두 사라진다.

더불어 나무, 풀, 꽃, 짐승, 벌레들이 있었다.
너무나 구체적이고 아름다운, 이 살가운 생명 이웃들.

여름

01

여름 첫 번째 밥상

여름, 첫 번째 밥상 차림

소라감잣국, 우엉채밥

우엉은 특유의 향과 아삭아삭 씹는 식감이 좋아 어떻게 해 먹어도 맛이 나는 재료다. 전을 부치기도 하고, 조려서 김밥 속에 넣거나 그냥 반찬으로 먹기도 하니. 나는 아예 쌀을 안칠 때 넣어 같이 익힌 우엉밥을 특히 좋아한다. 당근이나 감자 따위와 함께 잘게 썰어 넣어도 되지만, 우엉만 길게 채 썰어 넣고 밥을 지으면 우엉 특유의 풍미를 고스란히 즐길 수 있다.

우엉의 맛에 집중하기 위해 국은 감자를 넣고 담백하게 끓여 낸다. 경험상 감자와 가장 잘 어울리는 해산물은 소라다. 소라감잣국! 백문이 불여일식이다.

사진 오정식

여름, 첫 번째 밥상 앞에서

불편함이 주는 여유

오랫동안 눈 뜨고 일어나 맨 먼저 하던 일이
현관문을 열고 신문을 들여 읽는 것이었다.
몇 년 전부터 종이 신문을 다 끊고 나니
그만큼 아침 시간이 널널하다.
일터를 옮긴 후에도 신문 구독 신청을 안 했다.
아직 인터넷도 연결되지 않아 세상 돌아가는 사정을 알 수 없어
좀 답답하긴 하지만 점점 무심해진다.

매일 아침 사우나 가는 일이 20년 넘는 세월 동안의 일상이었다.
이조차도 목욕탕 파악이 안 돼서 못 가고 있는데,
이렇게 여유로울 수가 없다.
편리함만 여유를 가져다주는 것이 아니라 불편함도
때로는 사람을 여유롭게 하는구나!
아무래도 살아온 날보다 살아갈 날이 적을 터이니
좀 천천히, 찬찬히 가는 것도 괜찮겠다.

02

여름 두 번째 밥상

여름, 두 번째 밥상 차림

닭고기육개장

2005년도 남북작가대회 남측 대표단의 일원으로 북한을 방문했을 때 알게 된 사실이다. 북쪽에서도 개고기를 먹는단다. 거기서는 개고기를 단고기, 보신탕을 단고기국이라 불렀다. 개고기 대신 소고기를 고사리, 토란 줄기, 숙주나물 따위와 함께 끓인 국을 육개장이라고 하는데 소고기 대신 닭고기를 넣으면? 흔히 닭개장이라고 하지만 표준국어대사전 검색이 안 되는 걸 보아 아직 표준말로 인정하지는 않나 보다.

닭을 삶아 식감이 좋은 부위는 발라 먹고, 그 국물에 나머지 퍽퍽한 살을 찢어서 다른 재료들과 함께 넣어 푹 끓인다. 그런 후에 소금으로 간을 맞추고 다진 마늘, 고춧가루, 썸벅썸벅 썬 대파를 넣어 한소끔 더 끓이면 이름하여 닭고기육개장이 된다. 여기서 고춧가루를 빼면 맑은 닭고기육개장이다. 혹 칼칼하면서도 맑은 국물을 맛보고 싶다면 청양고추를 대신 넣는다.

여름, 두 번째 밥상 앞에서

미안한 사람이 더 그리울 때가 있다

살아온 날들을 자꾸만 되돌아보게 된다.

나이가 든 탓일까?

하긴, 이제 '백세시대'로 셈해도 반 꺾고도 한참 지난 나이이지 않은가.

생애의 내리막길에서 뒤돌아보는 삶의 그림자는 더없이 쓸쓸하다.

존재의 덧없음을 느끼면서 오히려 존재의 주위를 돌아본다.

소홀히 여겨 왔던 작은, 혹은 아주 가까이 있는 것들,

이를테면 고향, 가족, 이웃 그리고 일상의 발길에 차이는 돌멩이, 풀…….

내 몸과 마음을 키워 준 고향,

젊은 시절엔 그 고향에 대해 아주 가당찮은 피해 의식을 가졌다.

그래서 한동안 성공하지 않으면 돌아가지 않으리라는 오기를 품고 살았다.

성공이 무엇인지 모르겠지만,

성취감 한 푼 없이 언젠가 달빛이 밝던 밤에 고향을 몰래 다녀오기도 했다.

돌이켜 보면 고향에 대해, 고향 사람들에 대해 참 부끄럽다.

그 부끄러움만큼 고향을 마음속에서 내려놓지 못하고 있다.

살다 보니 고마운 사람보다 미안한 사람이 더 그리울 때가 있다.

03

여름 세 번째 밥상

여름, 세 번째 밥상 차림

콩국수

씹는 것조차 귀찮은 무더운 여름날엔 얼음을 동동 띄워 대접째 후루룩 끌어 넣고 마실 수 있는 콩국수만 한 게 없다. 어릴 적 어머니를 따라 시장에 갈 때면 우무를 채 썰어 넣은 콩국을 먹곤 했는데, 요즘은 우무 구하기가 쉽지 않아 시중에서 파는 밀면이나 메밀면을 삶아 말아도 좋다. 홈쇼핑에서 한 번씩 판매하는 해조면이면 다이어트식으로도 그만이다.

콩국은 취향대로 직접 만들면 좋지만, 더위에 이마저도 성가실 땐 팩에 담긴 두유를 사서 대신해도 괜찮다. 콩국수 찬에는 풋고추를 날된장에 버무린 된장고추무침이 제격이다.

1　콩을 씻어 충분히 불린다.

2　불린 콩을 적당히 익을 때까지 삶는다. 너무 매 삶으면 메주콩 냄새가, 덜 삶으면 비린내가 날 수 있다.

3　삶은 콩을 믹서기로 간다. 땅콩이나 검은깨를 함께 넣어 갈면 고소함이 더하다. 물을 조금씩 부으면서 갈아 주는데, 맹물보다 콩 삶은 물을 그대로 쓰면 깊은 맛이 난다.

4　면은 안동국시처럼 날콩가루로 반죽해 만든 칼국수를 써도 되고, 밀면이나 메밀면을 쓸 수도 있지만, 무엇이든 삶은 다음 찬물로 식힐 때 얼음을 넣어 주면 면발이 더 탱탱하고 쫄깃해진다.

여름, 세 번째 밥상 앞에서

하얀, 꽁보리밥 도시락

요즘도 그런 게 있나 모르겠다.
나 어릴 때는 '쌀밥 보리밥'이라는 놀이가 있었다.
두 사람이 마주 보고서 한 사람이 양 손바닥을 모아 벌린 후
상대편이 "보리밥!" 하고 주먹을 들이밀 때는 잡지 않고,
"쌀밥!" 하고 들이밀 때는 감싸 잡는 놀이다.
얼마나 쌀밥이 먹고 싶으면 이렇게 놀았을까.

지금처럼 낮이 긴 여름날엔 저녁밥을 두 번 짓곤 했다.
오후 네 시나 다섯 시쯤 솥에 보리쌀을 먼저 한 번 삶고,
해가 기울려면 한참 남은 일곱 시쯤 아까 삶아 놓은 보리쌀을 다시 안쳤다.
여름이라 흰쌀은 남았을 리 없었다.
어쩌다 쌀독에 흰쌀이 남아 있던 날이면 딱 한 줌 정도만 퍼서
솥 바닥에 깔린 보리쌀 가운데 흩어질세라 다소곳이 묻어 안쳤는데,
그래 봤자 나머지 식구들은 한 번 더 삶은 보리밥을 먹는 셈이었다.
보리쌀 가운데 있던 단 한 줌의 쌀밥,
그 주인이 대개는 나였으니.

가을에 벼를 거둬 봐야 집안에 혹 큰일이 생겨 장리쌀이라도 내면
이자까지 붙여 갚아야 했고, 남의 논이라도 부쳐 먹은 경우엔
도지 내고 나면 남은 쌀로는 겨울을 나기도 힘들었다.
봄은 왔지만 쌀독은 비고 보리는 아직 이삭도 패지 않았으니,
이때가 가장 넘기 어렵다는 그 고개, 보릿고개였다.
문제는 도시락이었다.
혼분식을 장려하던 때라 학교에서 점심시간이면 도시락 검사를 했는데,
동생 도시락은 보리밥을 넣은 다음 위에만 쌀밥으로 눈가림을 한 데 비해
내 도시락은 쌀밥으로 채우고 보리밥 몇 알을 살짝 덮은 것이었다.

동생이 그 사실을 몰랐을까. 그런데도 내 동생은 살아오면서
한 번도 불만, 불평의 말을 내게 한 적이 없다.
가족들의 눈물과 인내와 희생으로 오른 교단을 쫓겨 나와
여섯 해 만에 찾아갔을 때도 내내 말 한마디 없더니 돌아올 때야
"차비나 해라."며 꼬깃꼬깃 구겨진 지폐 몇 장을 손에 쥐여 주던,
아, 아우의 하얀 쌀밥 몇 알로 덮은, 그 까만 꽁보리밥 도시락이라니.

04

여름 네 번째 밥상

여름, 네 번째 밥상 차림

묵채, 찐채소쌈밥

밥을 다시 하자니 그렇고 안 하자니 조금 부족하다 싶을 때 냉장고 채소 칸에 방치된 케일, 봄동, 호박잎 따위를 데쳐 이렇게 소꿉놀이하듯 말아 내니 제법 먹음직스러운 차림이 되었다. 족보를 알 수 없어 찐채소쌈밥이라 이름 붙여 보았다.

호박잎도 좋고 봄동도 좋은데 쌈을 싸기엔 케일이 때깔도 날뿐더러 먹기에 편하다. 하나, 어떤 잎채소로 말든 맛을 좌우하는 것은 쌈장이다. 자작하니 지진 강된장이 제격이다. 여기 도토리 묵채 한 그릇 곁들이니 구색이 딱 맞다.

여름, 네 번째 밥상 앞에서

성공한 사람은 복수하지 않는다

언젠가는 좋은 날이 올 것, 언젠가는 기회가 올 것,
심지어 언젠가는 복수할 날이 올 것…….
그 '언젠가'는 오지 않을 것이다.
성공한 사람은, 아니 이만하면 성공했다고 믿는 사람은
오늘을 인생에서 가장 좋은 날로 생각한다.
모든 것을 할 수 있는 기회도, 고맙다고 인사할 기회도,
사과할 기회도 오늘이라 여긴다.
오늘이 복수하기 좋은 날? 자존감 높은 사람에게 복수란 없다.

그렇지만 사람인데 어찌 미운 사람이 없겠나.
죽이고 싶을 만큼 치가 떨리는 사람이 없겠나.
자다가 벌떡 일어날 정도로 원한이 쉬 삭지 않는 사람이 없겠나.
그런 때가 있었다. 순간 얼굴 붉히며 싸우다 곧 사과하고,
잠시 오해로 데면데면하다 이내 풀고,
관점과 입장이 서로 달라 목소리를 높이다가도 언제 그랬냐는 듯
술잔 놓고 희희낙락하는 정도가 아니라
1년, 2년… 아직껏 연락 끊을 만큼 넌더리 나던 사람들이,
그런 때가 내게도 있었다.

그들을 용서하고서야,

아니 애써 마음속에서 지우고서야 비로소 평안해졌다.

망각도 몸의 화기와 독기가 어느 정도 풀어지고

마음이 조금은 눅어져야 가능하다는 것,

그 눅어진 틈새로 시나브로 평온이 깃든다는 것을 알았다.

용서란 누구보다 자신을 위해 하는 일이다.

거기에 무슨 조건을 붙이거나 미룰 이유가 없다.

아직도 영 너그러워지지 않는 사람이 있다면 지금 용서하자.

아니, 그만 놓아 버리자. 내 삶의 평화를 위해서.

05

여름 다섯 번째 밥상

1   홍합이나 바지락을 삶는다. 삶은 물은 식히고 건더기는 따로 건져 둔다.
2   청각을 깨끗이 씻어 살짝 데친다.
3   데친 청각에 양파, 풋고추 따위를 썰어 넣고 식초, 매실청, 다진 마늘과 함께 무친다.

여름, 다섯 번째 밥상 차림

설칫국

"장에 갈 새가 있었이믄 바지락도 사오고 생미역이나 파래를 넣어 설치국이나 했이믄 좋았을 긴데."

박경리의 《토지》에 나오는 내용이다. 이런 용례가 있는 걸로 보아 내가 잘못 알고 있지는 않은가 보다. 설칫국은 남해 와서 처음 먹어 본 음식이다. 좀 더 정확하게 말하면, 설칫국이라는 음식이 있다는 걸 그때 처음 알게 되었다.

설칫국은 청각, 양파, 풋고추 따위를 다진 마늘, 식초, 매실청으로 양념해서, 바지락이나 홍합을 삶아 식힌 육수에 그 건더기와 함께 넣어 낸 것이다. 집집마다 만드는 방법이 약간 다르긴 한데, 중요한 건 바지락이나 홍합 삶은 물을 식혀서 그대로 사용해야 한다. 그래야 국물이 톡톡하니 게미가 있다. 여기에 얼음까지 살짝 띄우면 술국으로는 이만한 게 없다.

간은 소금으로 맞추되 좀 심심하게 하는 편이 좋다. 모든 해산물 조리가 그렇다. 해산물은 그 자체에 염분이 배어 있기 때문이다.

4   식혀 둔 조개 육수에 그 조갯살과 미리 준비한 청각 무침을 풀어 넣고 깨소금을 뿌린다.

여름, 다섯 번째 밥상 앞에서

떠날 때 떠날 줄 아는 용기

낙화 분분…… 한 시절이 또 이렇게 지고 있다.
절정일 때 내려오라고, 가장 아플 때 떠나라고
저 분분한 낙화가 다시금 온몸으로 일러 준다.
떠날 때를 알고 떠나는 사람이 아름다운 까닭은 가장 아플 때 떠나기 때문이다.
말이 쉽지 절정의 순간에 내려오기가 어디 쉬운 일이겠는가.
또한 아픔에 몸서리치고 있는데 떠나라는 말은 비정하기 짝이 없지 않은가.

꽃은 제가 피고 지는 것을 오롯이 자연에 맡긴다.
사람도 나고 죽는 거야 어찌할 수 없지만 사는 동안 오고 가고,
들고 나는 거취는 스스로 정한다.
늘 있던 곳에서, 그것도 존재감이 가장 충만할 때,
이젠 내가 있을 자리가 아니라는 자각은 더없이 슬프고 허망하다.
그렇다고 발목 잡혀 뭉그적거리다 떠날 기회를 놓치면
쇠락과 추락의 시간만이 남는다.

결단해야 할 때 결단하지 못하면

자신은 물론 주변 사람까지 피곤해지고 피해를 입기도 한다.

절정일 때 떠나는 일도 결단이다.

아쉬워도 버릴 건 버리고, 끊을 건 끊는 것.

어찌 보면 삶이란 끊임없이 거취를 결단하는 일의 반복이다.

사는 동안 머무는 자리만 제대로 헤아려 처신해도

체면 구기고 파탄 날 일은 거의 없다.

돌이켜 보면 그것만은 대체로 잘해 온 것 같은데, 모르겠다.

이 지구별을 언제 떠나게 될지는.

다만 그날이 언제일지라도 순응할 수 있도록 몸과 마음을 가볍게 해 나갈 뿐.

낙화에 어찌 바람을 탓하랴. 바람도 자연의 섭리거늘.

바람에 맞서면 날개가 꺾여 떨어지고,

바람을 타면 하늘을 날게 되는 법이다.

06

여름 여섯 번째 밥상

1. 다다기오이를 굵은 소금으로 문지르며 씻는다.
2. 같은 크기로 도막 낸 후 한쪽에 열십자로 깊게 칼집을 낸다.
3. 진한 소금물을 끓여 손질한 오이에 붓고 30분 정도 담가 둔다.
4. 부추를 손톱 너비만치 짤막짤막 썬다.
5. 다시마, 멸치, 대파를 넣고 끓인 국물을 식힌다.

여름, 여섯 번째 밥상 차림

우렁이호박잎국, 오이소박이

된장을 묽게 풀고 우렁이를 넣어 팔팔 끓이다가 치댄 호박잎과 청양고추를 썰어 넣은 후 한소끔 더 끓여 내면 우렁이호박잎국이 된다. 호박잎이 까끌거리다 보니 싫어하는 사람도 있겠지만, 그 야성의 맛을 아는 사람은 안다. 여름에 흔하디흔한 호박잎을 따다 강된장 자작하니 지져 싸 먹는 즐거움이란.

여기에 삼삼한 오이소박이를 곁들이면 균형이 잡힌다. 고춧가루와 젓갈을 잔뜩 넣어 양념 냄새 폴폴 풍기는 벌건 오이소박이보다는 이렇게 백김치처럼 허옇게 담근 것이 담백하니 내 입에는 맞다. 이걸 백오이소박이라고 해야 하나? 아무튼 오랜 경험이 축적된 나만의 오이소박이 레시피를 공개한다.

6   메밀가루로 죽을 쑨다.

7   배, 양파, 마늘, 생강에 **5**를 조금씩 부으며 믹서기로 간다.

8   **4 6 7**을 섞어 소를 만든다. 간은 매실 발효액과 멸치 액젓으로 맞춘다.

9   아까 절여 둔 오이의 칼집 난 부분에 김칫소를 골고루 넣어 한두 시간 실온에 두었다가 냉장 보관한다.

여름, 여섯 번째 밥상 앞에서

만족에도 한도가 있다

가장 안정된 상태는 모든 것이 제자리에 놓인 때다.
사물도 그렇고 사람도 그렇다.
사물이든 사람이든 제자리에 있지 않을 때 제자리를 찾아가려는 움직임,
곧 운동을 한다. 세상 만물이 제자리에 있어야 오롯이 평화로울 테지만,
또 그래서 우리 모두는 끊임없이 움직이고 있지만
더 이상 운동도 변화도 필요 없는 완전한 상태란 있을 수 없다.

그것은 곧 종말, 생명에게는 죽음을 뜻한다.
생명체는 변화를 멈추는 순간 물화하고 만다.
결국 살아 있다는 것은 끝없이 변화하는 것이다.
불완전한 상태에서 완전한 상태로 나아가려는,
정지하지 않으려는 운동과 변화의 관성에 의해 세계는 이처럼 존재한다.

문제는 모든 생명체가 유한하다는 사실이다.
인간은 삶을 영위하는 최적의 상태를 스스로 판단하고 선택할 수 있다.
그 판단의 기준은 자신이 설정한 만족의 한도, 곧 분수다.
지금 내가 서 있는 이곳이 내게 가장 알맞은 자리라 판단되고,
그래서 더없이 만족할 때 가장 편안하고 행복할 수 있다.
이것이 분수껏 사는 삶이다.

07

여름 일곱 번째 밥상

여름, 일곱 번째 밥상 차림

오이미역냉국

푹푹 찌는 여름에 더운 국을 끓인다는 것은 조리하는 사람에게도 그걸 먹는 사람에게도 고역이 아닐 수 없다. 이럴 때 시원한 오이냉국만큼 요긴한 게 없다. 구하기 만만한 미역도 사서 곁들이면 영양까지 풍부해진다.

---

1 불린 미역과 오이, 양파를 채 썰어 담고 다진 마늘과 소금, 설탕, 레몬즙이나 사과식초를 넣어 조물조물 무친다.

2 여기에 물을 붓고 얇게 썬 풋고추와 홍고추, 통깨를 얹으면 오이미역냉국이 된다. 얼음을 동동 띄워 내도 괜찮다.

여름, 일곱 번째 밥상 앞에서

시인으로 산다는 것

나는 행복한 삶의 조건으로 세 가지를 든다.
무엇이 되느냐보다
어떻게 사느냐를 삶의 목표로 삼는 것이고,
하고 싶은 일을 하며 사는 것이고, 감사하며 사는 것이다.

누구나 애써 되고자 하는 그 무엇이란
어떻게 사는 데 필요한 수단에 지나지 않는다.
오 국장님, 오 선생님, 오 박사님, 오 회장님, 오 장학사님, 오 연구사님,
오 원장님, 오 교장님…… 따위는 살아오는 과정에서 어쩌다 맡게 된
자리거나 수단이었을 뿐, 목적은 아니었다.
시를 쓰는 일은 '무엇'이 아니라 '어떻게' 사느냐에 해당하는 문제다.
시를 쓰는 행위 자체가 세상을 사랑하며 사는 일이기 때문이다.

너나없이 되고자 하는 그 무엇은 결국 제한적일 수밖에 없지만,
누구나 어떻게 살지는 선택할 수 있다.
시인은 자아와 세계의 동일화를 추구하며
함께 아파하고, 기뻐하고, 분노하고,
아예 세계에 동화되어 울고, 웃고, 춤추고,
때로는 악을 쓰기도 하는 존재다.
시인의 감수성이 남달리 예민한 것은
그만큼 세계에 대한 애정과 관심이 깊어서다.

교양이나 품격은 삶의 수단인 그 무엇에서가 아니라
어떻게 살고 있는지, 삶의 모습에서 배어 나온다.

08

여름 여덟 번째 밥상

여름, 여덟 번째 밥상 차림

건진국수

건진국수는 말 그대로 국수를 삶아 건져 내서, 따로 만들어 식혀 둔 장국에 말아 먹는 음식이다. 안동국수가 대표적인 건진국수이다. '안동국수 면발은 바늘귀에 꿸 정도'라는 말을 아시는가. 면을 얼마나 촘촘히 썰었으면 그리 표현했을까. 모름지기 밀가루 반죽을 썰어 만드는 칼국수는 면발이 가늘어야 제맛이다.

1. 안동국수는 날콩가루를 섞는다는데, 콩가루가 없으면 밀가루만을 반죽해도 된다. 반죽을 되도록 얇게 밀어 가늘게 써는 것이 핵심이다.
2. 끓는 물에 썰어 둔 국수를 삶아 찬물에 헹군 후 다발을 지어 놓는다.
3. 멸치, 다시마, 표고버섯 따위를 우려 만든 장국을 식힌다.
4. 그릇에 국수를 먼저 담고 장국을 부은 후 고명을 얹어 낸다.

여름, 여덟 번째 밥상 앞에서

'붉은 매와 같은 사나이'와 '콩 세 알'

내 인디언식 이름은 '붉은 매와 같은 사나이'란다.
인디언들의 이름이 이처럼 사뭇 시적인 데에는
그들의 시적 세계관이 반영된 것이다.
시적 세계관이란 자연과 인간, 대상과 자아를 하나로 보는,
이를테면 일원론적 세계관이다.

혹시 '콩 세 알'이란 말을 들어 보셨는가?
옛날에 농부들이 콩을 심을 때 호미로 판 구덩이에
꼭 콩 세 알을 넣었다는 데서 유래한 말이다.
한 알은 날짐승, 또 한 알은 길짐승의 먹이로 주면서
남은 한 알만은 농부 자신의 몫으로 남겨 달라는 의미다.
진주에 있을 때 내가 관여하던 어린이문학 창작 모임 이름도 '콩세알'이었다.

이렇게 동서양을 막론하고 애초 인간은 뭇 생명을 더불어 살아가는
상호의존적인 관계로 인식했던,
이른바 시적 세계관을 가졌다.
지금은 어떠한가.
자연을 대상화하여 그에 대한 지배를 당연시하고
오로지 인간에만 관심을 쏟아,
결국 전 지구적 생태계 위기를 초래하고야 말았다.
인간의 삶에 차꼬를 채우고 있는 건 인간이다.

더 천천히, 더 낮게, 더 작게,
그리고 더 겸손하게 처신해야겠다.

09

여름 아홉 번째 밥상

여름, 아홉 번째 밥상 차림

찻물, 보리굴비

언젠가 우리들을/굴비 두름 엮듯/줄줄이 묶어/닭장차에 실어 가던/그 기억 되살리며/굴비를 본다//너희들 아무리/우리들 몸뚱아리를/묶고 또 묶어도/끝내 굴하지 않으리라/눈 부릅뜨고 묶인/굴비(屈非)를 본다

오인태, 〈굴비〉 전문

굴비가 그냥 굴비가 아니다. 사사로이 굴하지 않겠다고 굴비屈非다. 윤덕노의 《음식으로 읽는 한국 생활사》를 보면 "이동할 때를 정확하게 아니 예禮를 갖췄고, 소금에 절여도 구부러지지 않으니 의義를 알고, 부끄러움을 아는 염廉과 더러운 곳에 가지 않는 치恥를 갖췄으니 염치를 아는 물고기라고 해서 조기를 네 가지 덕을 갖춘 생선이라고 했다."고 한다.

아버지는 제수용 생선으로 꼭 참조기를 고집하셨다. 사나흘 소금에 절여 보름 이상 말린 후 통보리 속에 넣어 저장한 조기를 보리굴비라 하는데, 이때도 주로 참조기를 사용한다. 유명한 영광 굴비도 법성포 앞 칠산바다에서 잡은 참조기로 만들어 최고로 치니……. 보리굴비를 손으로 죽죽 찢어 고추장에 푹 찍어서는 시원한 찻물에 만 밥과 함께 목으로 넘기면 이런 호사가 없다.

여름, 아홉 번째 밥상 앞에서

어른이라는 자리

지금 나는 흑백사진 한 장을 보고 있다.
하얀 머리칼의 노인 두 분이 손을 꼭 쥔 채 밥상 앞에 앉아 있는 모습이다.
숙연하면서도 사뭇 정겨운 사진 속 인물은 김규동 시인과 민영 시인.

2007년 여름이던가, 경남작가회의 회장을 맡고 있을 때였다.
일 년에 두 번 발행하던 경남작가회의 기관지 《경남작가》의
'시의 길을 묻다'라는 꼭지로 문단 원로들을 만나고 있었다.
고은, 신경림, 민영 시인에 이어 네 번째로 김규동 시인을 대담했다.
당시 지병으로 고생하시던 때라 서둘러 지면에 모셨던 것이다.

사진은 시인의 자택에서 인터뷰를 마친 후 굳이 점심밥을 사시겠다고 하여
따라 들어선 어느 한정식집에서의 식사 장면을 담고 있다.
민영 시인이 김규동 시인을 생전에 꼭 한번 뵙고 싶다며 배석하셨다.
마치 살아 계시던 때의 아버지를 뵙는 듯한,
두 분이 이승에서 나누신 마지막 밥상이었으리라.

한국 현대사의 질곡을 온몸으로 겪으면서도
허투루 붓을 놀리거나 더럽힌 적 없던,
마치 초등학생과 같은 너무도 작은 체구를 가진,
그러나 한국 시문학사에서 차지하는 비중으로 봐서는
감히 범접할 수 없는 거인이었던 김규동 시인은
까닭을 알 수 없이 자꾸만 목메게 하던 어느 하루 점심나절,
이 흑백사진 한 장을 남기시고 5년 뒤 세상을 뜨셨다.

10

여름 열 번째 밥상

여름, 열 번째 밥상 차림

멸치고추다지개장, 열무비빔밥

이 밥상에 익숙지 않은 접시 하나가 눈에 띌 것이다. 왼쪽 밥이 담긴 대접 뒤에 있는 작은 종지 말이다. 어릴 적, 경남 서북부 지역의 여름 밥상에는 이것이 약방에 감초처럼 오르곤 했다. 바로 멸치고추다지개장이다. 내가 지은 이름이라, 듣기에는 좀 생소할 듯싶다. 그야말로 감초 같은 이 찬은 이리저리 곁들이기 좋다. 활용하기 나름이다. 맨밥에 이것만 넣어 고추장과 뒤섞어도 되고, 삼겹살을 구워 찍어 먹어도 별미다. 무엇보다 여름엔 멸치고추다지개장을 얹어 쓱쓱 비빈 열무비빔밥만 한 먹거리가 없다. 진주와 남해에서 살 때는 전도사나 되는 것처럼 이 양념장 맛을 퍼뜨렸는데, 한번 먹어 본 사람은 잊지 못하더랬다.

1 청양고추와 일반 고추를 다진다. 비율은 기호에 따라 조절한다.
2 멸치도 머리와 똥을 떼고 다진다.
3 다진 고추와 멸치를 3:1 비율로 섞은 다음 한꺼번에 살짝 볶는다.
4 간장 또는 멸치 액젓으로 간을 하고, 다진 마늘 한 스푼과 참기름 서너 방울을 넣어 또 한 번 가볍게 볶는다.
5 물을 반 컵가량 자작하게 붓고 한소끔 끓인다.
6 적당한 용기에 담아 두고 필요한 만큼 덜어 먹는다. 조리 과정이 만만하지는 않지만, 한번 해 두면 다양한 용도로 얼마간 즐길 수 있다.

여름, 열 번째 밥상 앞에서

믿으면 쓰고 쓰면 믿는다

남해에서 근무할 때 이런 교장이 계셨다.
미조초등학교에서 두 번째로 모신 교장이었는데,
부임하시던 날의 말씀이 기억에 또렷하다.
"난 다른 건 몰라도 이것 하나만은 아는 사람이다.
(사람을) 믿으면 쓰고, 쓰면 끝까지 믿는다."

그분은 당시 연구부장으로
학교 일을 도맡다시피 하던 나를 무엇이든 믿고 지원해 주셨고,
중요한 일은 항상 내게 물으신 후 결정하셨다.
나도 그분이 지역에서 학교를 경영하시는 데 어려운 일들을 앞장서서 도왔다.
내가 양보해서 풀릴 문제면 마다하지 않고 해 드렸다.

복직하고는 거의 해마다 연구부장을 맡았는데, 나중에 필요한 일이 있어
확인해 보니 정작 부장 점수를 받은 햇수는 다섯 손가락 안에 꼽을 정도였다.
일은 하면서 점수는 다른 사람에게 미룬 결과다.
인사권자인 교장 선생님께는 그만큼 재량권과
운신의 폭을 넓혀 드린 것이기도 했다.
나도 양보 대신 신뢰를 얻었다면 그다지 손해 본 일은 아니었다.
아니, 더 소중한 것을 얻었으니 이익을 본 셈이다.
위신과 체면까지 챙겼으니 말이다.

11

여름 열한 번째 밥상

여름, 열한 번째 밥상 차림

된장국, 가지나물비빔밥

여름에 가장 흔한 열매채소 가운데 하나가 가지다. 생으로는 잘 먹지 않고 대개 삶아 나물을 무치거나 전을 부치는데, 고지로 말려 뒀다 산적을 만들 때 함께 꿰면 졸깃졸깃한 식감이 고기와 같다.

가지가 들어가는 또 다른 계절 별미가 있다. 가지나물비빔밥이다. 여름에 즐겨 먹는 열무김치비빔밥에 가지나물이나 감자채볶음을 넣으면 맛이 한결 부드러워지고 게미가 더해진다는 것을 먹어 본 사람은 알 테다. 특히 가지는 열량이 낮아 구미가 당기는 대로 양껏 먹어도 부담이 없다. 여기에 멸치다시개장을 얹어 비비면? 상상에 맡긴다.

가지를 무칠 때는 껍질을 다 벗기지 말고 부분부분 적당히 남겨 두는 것이 좋다. 다 벗기면 너무 무르고, 그대로 두면 질기다. 그렇게 다듬은 후에는 푹 익도록 데쳐서 국간장, 참기름, 찐 마늘을 넣어 버무리고 통깨를 뿌려 낸다.

여름, 열한 번째 밥상 앞에서

아침밥과 어머니

아침밥을 굶는 사람이 많다.
나는 때때로 점심밥과 저녁밥은 건너뛰어도 아침밥을 거르는 일은 없다.
아침밥을 먹지 않고는 아예 집을 나설 생각을 하지 않는다.
무슨 일이 있어도 아침밥을 먹은 다음에
화장실에 가서 볼일 보고, 씻고, 집을 나선다.

삼시 세끼 챙기기가 쉽지 않은 형편이었지만
어머니는 식구 누구도 아침밥을 거른 채 집을 나서게 하지 않으셨다.
아침밥을 무슨 사명처럼 여겨 챙기는 것은 아마 그때부터 몸에 밴 습관이리라.
우리 집뿐만 아니라 그때는 여느 집이나 다 그랬을 것이다.
그런데 왜 요즘은 아침밥을 굶는 사람이 이렇게 많은지.

내가 아는 병원장 한 분은 당신은 아침밥을 안 드시면서
주위 사람들에겐 꼭 챙겨 먹기를 권했다.
그래야 오래도록 건강하단다. 어른도 어른이지만 문제는 아이들이다.
학교에 아침밥을 먹지 않고 오는 아이들이 수두룩하다.

시내 큰 학교에 있을 때 아침 일찍 오는 아이들이 많았다.
대개 아침밥을 거르고 오는 아이들이었다.
아침밥을 생략하는 이유는 저마다 다를 터이다.

교문 앞 바삐 출근하면서 아이들을 데려다주는 부모들,
차에서 내리는 아이들이 보인다.
문득, 떠오르는 여명에 어머니가 비친다.

12

여름 열두 번째 밥상

여름, 열두 번째 밥상 차림

민어맑은탕

민어民魚는 그 이름처럼 '국민 물고기'라 불릴 정도로 한국인들이 선호하는 어종이지만, 선뜻 장바구니에 넣기엔 가격이 만만치 않다. 흔히 건어물 가게에 가면 말린 생선 중 가장 비싼 편이다. 그도 그럴 것이 예부터 여름철 기력 회복을 위한 보양식으로 민어찜을 일품, 도미찜을 이품, 보신탕을 삼품으로 쳤단다. 평소 부모를 잘 봉양하지 못한 자식들이 부모가 돌아가신 뒤에라도 극진하고자 제사상에 반드시 올리는 생선이 민어라고 하니, 민어에 대한 우리 민족의 애착이 드러나는 부분이다.

1 토막 낸 무를 냄비 바닥에 깔고 반건조한 민어를 적당한 크기로 손질해 올린다. 밑간은 국간장으로 한다.

2 국물이 뽀얗게 우러날 때까지 푹 끓인다. 이때는 맹물 대신 멸치와 다시마 따위의 육수를 넣거나, 좀 톡톡한 국물을 원하면 쌀뜨물을 써도 된다.

3 부족한 간은 소금으로 맞추고 대파와 미나리를 넣어 파래질 정도로 한소끔 더 끓여 낸다.

여름, 열두 번째 밥상 앞에서

생명과 죽음의 품격

돌이켜 보면, 내 삶은 오랫동안 맞섬과 어긋남으로 점철됐다.
어려서는 동네 또래들과의 싸움질도 불사했으며, 학교에서는 선생님들께
곧잘 대들다가 '빠따'와 귀싸대기를 얻어맞기 일쑤였다.
커서는 부당하고 부정하다 여긴 공권력에 맞섬으로써 일터에서
쫓겨나기도 했다. 그때 몸에 밴 분기와 전의를
학교에 돌아와서도 한동안 쉬 누그러뜨리지 못했다.

무작정 달리기만 하던 발길에 차이거나 짓밟히기도 했을
수많은 생명에게 따뜻한 눈길이나 연민의 손길 한번 제대로 건네지 못했다.
부질없는 것들에 목을 매고 그릇된 욕심을 좇으면서 앞만 보며 내달려 왔다.
고개를 바짝 쳐든 채 크고 빠른 것, 높고 먼 곳만 바라보면서.

거기 무엇이 있던가.
뭉게뭉게 구름처럼 허황하고 허망하기 짝이 없는 것들…….
뒤도 돌아보지 않고 달려온 거리래야
고작 누군가의 손바닥 안을 벗어나지 못한 것이었다.
붙잡은 건 아무것도 없었다.
미욱하게도 그걸 마흔 나이 넘기고 애들이 훌쩍 커서야 깨달았다.

사는 일을 등산에 비유하면 이제 하산 길에 접어든 나이가 되었다.
그렇게 내려오고, 꺾어지는 길에 접어들어서야 뒤돌아 고개 숙이니
비로소 보이던 것들. 거기 줄곧 함께해 온 사람들이 있었다.
더불어 나무, 풀, 꽃, 짐승, 벌레들이 있었다.
너무나 구체적이고 아름다운, 이 살가운 생명 이웃들.

착하다는 건 관념이 아니라 생명 공동체 구성원으로서
생태계 질서에 순응하는 일이자
공동체를 위한 구체적인 실천이다.

무릇 생명이란 착한 존재다.
다른 생명을 이유 없이 해치지 않을뿐더러
생태계를 흩트리거나 망가뜨리는 일도 없다.
설령 먹이를 취하더라도 생존을 위한 최소한의 섭취에 그칠 뿐,
불필요하게 포식하거나 남겨 쌓아 두지 않는다.
그러고는 마지막 제 몸뚱어리마저 오롯이 다른 생명에 바친다.
인간도 처음엔 그랬다.

13

여름 열세 번째 밥상

여름, 열세 번째 밥상 차림

순댓국

어릴 적, 동네에서는 큰 명절이나 잔치가 있는 날이면 돼지를 잡았다. 그땐 집집마다 소와 돼지를 키웠는데, 적당한 크기로 자란 돼지를 잡아서는 차례상에 올리거나 경조사를 치르곤 했다. 그맘때 으레 들려오던 돼지 멱따는 소리……. 돼지를 잡을 때 피를 빼기 위해 칼로 멱(목)을 따면 돼지가 죽는다고 꽥꽥거리는데, 그 소리가 멀리서 들어도 몸서리쳐질 정도로 신경을 곤두서게 했다.

그렇게 돼지 멱을 따서 빼낸 피를 다진 마늘, 대파 따위와 함께 대창에 넣어 찐 것이 피순대다. 잔칫상에 올리는 수육 한가운데 고명으로 얹어 내기도 했던, 그 기억과 맛……. 내 고향 안의에 가면 아직 피순대와, 피순대를 넣어 끓인 순댓국을 파는 집이 있다. 순대를 직접 만들 일은 없으니 시중에 파는 걸 사서 육개장처럼 끓이면 순댓국이 된다. 고춧가루를 넣지 않고 맑게 끓여도 괜찮다.

여름, 열세 번째 밥상 앞에서

쌀로 받는 원고료

시 써서 밥 먹고 살 수 있느냐고? 가능할 것도 같다.
무슨 말인가 하면, 만약 원고료를 쌀로 받는다면
현금처럼 다른 데 쓸 수는 없지 않나. 대신 바로 밥을 지어 먹을 수 있으니
잘하면 시 써서 밥 먹고 살 수도 있겠다는 얘기다.
실제로 어린이문학 전문지 《시와동화》에서는 원고료를 쌀로 준다.
나도 두어 번 받은 기억이 있다. 부산에서 나오는 《열린어린이》에서도
참기름이었던가, 아무튼 농산물로 받았던 것 같다.

쌀이든 참기름이든 농산물로 원고료를 받는 것은
현금으로 받는 것보다 훨씬 뿌듯하고 마음도 편하다.
왜 그럴까? 아마 출판사 쪽 부담을 덜어 주었다는 기분도 들고,
농사짓는 분에게도 얼마간 도움이 되지 않았을까, 하는 생각 때문이지 싶다.

현금이든 쌀이든 원고료를 한 푼도 주지 않는 매체가 수두룩하다.
오히려 어떤 식으로든 원고료를 지급하는 곳이 신기하고 대견해 보일 정도다.
그럼 시인들은 도대체 일 년에 얼마 정도 원고료 수입을 올릴까?
내 경우 시로만 치면 원고료와 상관없는 동인지 등에 발표하는 것을 빼고는
동시 포함 다섯 편이 채 되지 않는다. 그 다섯 편 모두 유료 원고라 해도
대개 공시 가격인 5만 원으로 쳐서 25만 원이다.
이 정도로 받는 시인도 많지 않을 것이다.

25만 원어치 원고료를 쌀로 받으면

적어도 두어 달은 밥해서 먹지 않을까. 그러고는?

쓰는 걸 줄이는 방법밖에 더 있겠나.

나이가 들수록 삶의 비용을 줄여 나가는 수밖에 없다.

아무래도 비용이 많이 드는 삶은 그만큼 더 고단할 테니까.

정년 퇴임이 꼭 2년 5개월 남았다.

사람은 누구나 살아온 세월의 더께만큼
이야기를 품고 있다.
이보다 두툼하고 값진 책이 없다.

가을

01

가을 첫 번째 밥상

154 밥상머리 인문학

가을, 첫 번째 밥상 차림

아욱된장국

"가을 아욱국은 문 걸고 먹는다."

얼마나 맛있으면 이웃도 몰래 문을 걸어 잠그고 먹는 게 아욱이라고 했을까. 여름 푸성귀가 시들고 억세질 무렵, 때마침 제철을 맞은 가을 아욱은 맛도 맛이지만 영양도 풍부해 '봄 부추, 가을 아욱'이 그냥 나온 말이 아님을 보여 준다. 된장국을 안치고 마지막에 아욱을 넣어 한소끔 더 끓이면 아욱된장국이 된다. 보통 아욱국에는 건새우나 생새우를 쓰지만, 여기에 된장을 풀어 끓일 때는 바지락도 좋다.

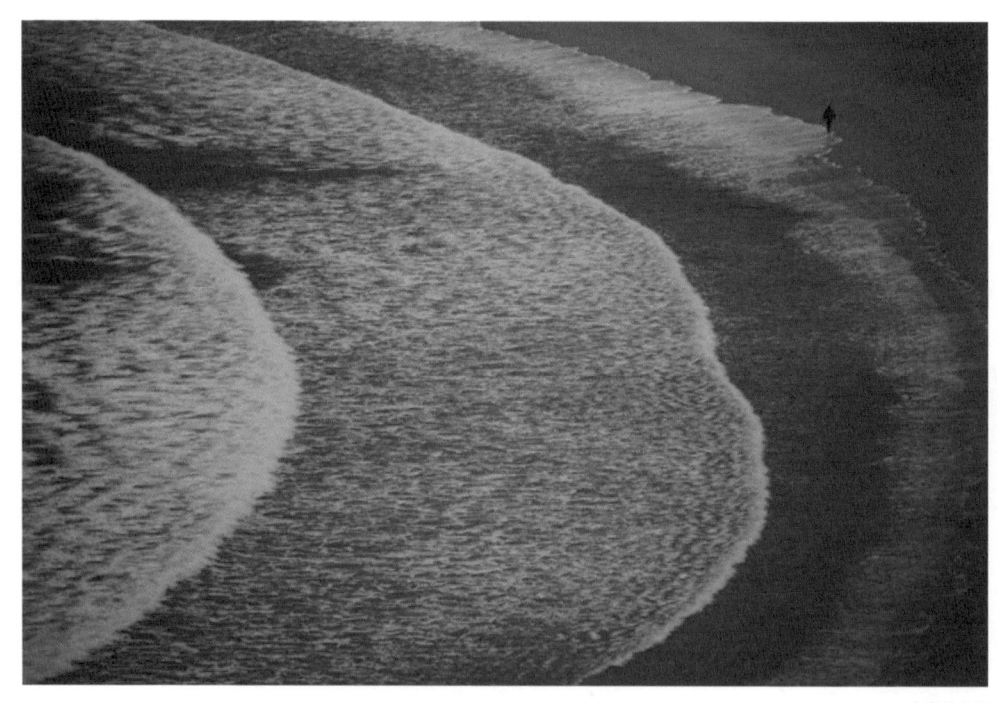

사진 박대엽

가을, 첫 번째 밥상 앞에서

쓸쓸함의 힘

사람은 힘들어서 무너지는 것이 아니라 외로워서 무너진다.
살아 보니 그렇다. 그리고 외로움보다 더 깊고, 더 저리고, 더 적적한,
비슷한 듯하면서도 결이 다른 정서가 있다. 바로 쓸쓸함이다.

외로움이 말 그대로 혼자 떨어져 외진 느낌,
함께 있다가 나만 남겨졌을 때의 상대적 감정이라면,
쓸쓸함은 어떤 대상과 상관없이 스스로를 들여다보면서 갖는 적막감,
말하자면 실존적 감정이다.

내 생애에서 가장 가혹하고 힘들었던 시기는 사십 대였다.
그때는 곁에 아무도 없는 듯 무시로 외롭고, 외로웠다.
역설적이게도 이 외로움을 이겨 내게 한 힘은 쓸쓸함이었다.
외로움의 바닥에서 맞닥뜨린 실존적 각성,
그 쓸쓸함으로 나는 사십 대를 버텼다.

외로우니까 사람이다? 좋다. 그러나 나는 이렇게 말하고 싶다.
쓸쓸하니까 인간이다.
외로움은 상실감과 고립감으로 자상을 입히기도 하지만,
쓸쓸함은 성찰을 통해 더 굳세고 단단한 인간으로 성숙시킨다.

02

가을 두 번째 밥상

밥상머리 인문학

가을, 두 번째 밥상 차림

추어탕, 부추겉절이

흔히 추어탕에서 '추'를 '가을 추秋'라고 오해하시는데, '미꾸라지 추鰍'가 맞다. 아마도 추어탕을 가을에 많이 먹었던 데서 그리 생각했을 법하다. 추어탕은 지역에 따라 조리법이 꽤 다르다. 전라도에서는 무청 시래기를 넣고 된장과 들깻가루를 풀어 걸쭉하게 끓여 내는데, 경상도에서는 말린 배추 잎이나 풋풋한 얼갈이배추 따위의 우거지를 넣어 담백하게 끓인다. 어떤 방식으로든, 입맛대로 잘 끓인 추어탕에 여기 경상도에서 '정구지'라 부르기도 하는 부추로 겉절이를 무쳐 곁들인다면 가을 밥상으로 모자람이 없다.

가을, 두 번째 밥상 앞에서

너무 달거나 너무 쓰거나

고진감래苦盡甘來란 말을 한 번쯤은 들어 보았을 것이다.
고생 끝에 즐거움이 온다는 뜻이다.
고통, 고난, 고생…… 따위, 흔히 고苦 자를 괴롭다는 의미로 사용하지만
사실 본디 뜻은 '쓰다'이다. 초두머리 부수가 있는 것으로 보아
어떤 쌉쌀한 맛이 나는 풀에 빗대어 만들어진 글자가 아닐까 싶다.
쓴맛을 가진 식물이라면 소태나무, 머위, 고들빼기…… 또 뭐가 있을까.

더 흥미로운 것은, 고진감래에서 고苦는 낙樂이 아닌 감甘과 대응한다.
이걸 보면 고苦를 되도록 피해야 할 고통이라기보다 피할 수 없는,
때로는 필요하기도 한 삶의 과정으로 여긴 게 아닌가, 하는 생각이 든다.

고진감래하는 삶을 고스란히 제 몸에 담고 있는 식물이 고들빼기다.
달기만 하면 인생이 무슨 재미가 있겠나.
쓰기만 하면 얼마나 고단한 삶이겠는가.
시도 마찬가지다.
달기만 한 시는 시시하고, 쓰기만 한 시는 읽기 괴롭다.

어릴 때, 또는 젊었던 한때로 돌아가고 싶으냐 물으면
그러고 싶다는 사람이 드물다. 나도 그렇다.
왜 그럴까? 흔히들 말한다.
살아온 것이 아니라 살아 낸 것이라고.
조금 쓰기도 하고 달기도 한, 지금이 딱 좋다.
작년에도 그랬고, 재작년에도 그랬다.
아마 내년에도 그럴 것이다.

젊은 날, 내 시는 너무 달거나 너무 썼다.

03

가을 세 번째 밥상

가을, 세 번째 밥상 차림

송잇국

최고의 먹거리로 바다에서 나는 것 중엔 복어, 뭍에서 나는 것으론 송이를 꼽는다. 나는 그렇다. 아마 가격으로도 이만한 것들은 드물 터인데, 무엇보다 대번에 혀를 현혹하는 감칠맛이 나는 게 아닌지라 미각을 곤두세우고 찬찬히 음미해야 제맛을 느낄 수 있다. 송이나 복어 회를 맛보지 못하고 죽으면 얼마나 억울한 일이겠는가.

실은 송이에서 향을 빼면 식감 자체는 표고나 능이만 못하다. 다른 버섯도 마찬가지지만 특히 송이는 절대 물로 씻으면 안 된다. 물기가 스미면 흐물흐물해질뿐더러 향이 싹 달아나 못 쓴다. 마냥 어린아이 다루듯 부드러운 솔로 흙을 털고 깨끗한 수건이나 가제로 꼼꼼히 닦아 주어야 한다. 또 기왕이면 칼로 썰지 말고 손으로 결을 살려 찢는 것이 낫다.

국거리로는 갓이 퍼진 등외품도 괜찮다. 제법 큰 송이 하나면 서너 명이 넉넉히 먹는 송잇국을 끓일 수 있다.

가을, 세 번째 밥상 앞에서

아버지의 밥상

음식 관련 글을 즐겨 썼던 저술가 피셔의 말에 따르면
맛에 대한 기억은 장기 기억이다. 그것은 대개 일화와 함께한다.
내게 가장 오래된 맛에 대한 기억은 아버지가 따다 준 자연산 송이,
그 한 송이 맛이다.

그땐 가을걷이가 끝나면 맨 먼저 하는 일이,
더러는 추수 짬짬이도 하는 일이 땔감 나무를 장만하는 것이었다.
이른 가을이던가, 하루는 아버지가 나뭇짐에서 무언가를 꺼내
왕소금을 몇 낱 뿌리고 호박잎으로 겹겹이 싸서는
다 타고 남은 잿불에 구워 주셨다.
태어나서 처음 맛본 송이였다.

그게 송이였음을 안 것은 어른이 되고도 한참 뒤였다.
뭔지도 모르는 채 먹었던, 향으로만 기억되던 그 맛!
이후로도 오랫동안 송이는 호박잎에 싸서
잔불에 구워 먹는 것인 줄로만 알았다.
어디서도 그런 방식으로 먹는 걸 보지 못한 까닭이다.
최근에야 텔레비전에서 볼 수 있었다. 강원도에서 그렇게 했다.
아버지는 그것을 어찌 아셨을까?

초등학교 들어가서부터 아버지와의 겸상이 허용됐다.

'예비 대주'로 인정받았던가 보다.

지금 생각하면 말도 안 되는 불평등하고 불공정한 처사지만,

그땐 한두 술씩 덜어 주시던 아버지 밥이 왜 그리 맛나던지…….

아버지는 익혀 무친 나물 비빔밥은 숟가락으로 착착,

생채 비빔밥은 젓가락으로 풋것들을 살살 달래 가며 설렁설렁 비비셨다.

소학교 문턱도 넘은 적 없지만 당시 시골에서는 드물게

국문은 물론 한문까지 막힘이 없던 데다 어디서 배우셨는지

주판셈까지 하실 줄 알아 여기저기 경조사 부조계를 도맡으시던,

깡마르고 작은 체구에도 두주불사하셨던 아버지.

그러나 그런 아버지가 식구들 앞에서조차

주사를 부리거나 식언하시는 것을 본 적이 없다.

내게 남다른 미각과 문식성이 있다면

아무래도 그건 아버지에게서 물려받은 것이 분명하다.

04

가을 네 번째 밥상

166 밥상머리 인문학

가을, 네 번째 밥상 차림

고사리토란국

어렸을 적 늦가을부터 먹던 국 가운데 하나가 토란국이었다. 어머니는 알토란과 고사리에다 들깨를 갈아 넣어 토란국을 끓이셨다. 말려 둔 고사리가 없다면 무를 칼로 쭉쭉 삐져 넣어도 그만이다.

토란은 지금처럼 알맹이로 국을 끓여도 좋고, 줄기는 따로 말려서 육개장에 넣어도 된다. 다만 줄기든 알맹이든 토란은 본래 지독한 아린 맛을 가지고 있어 조리할 때 제대로 빼내야 한다. 토란 요리를 먹고 목과 혀끝이 괴로웠던 경험이 한 번쯤 있으리라. 보통 식초나 쌀뜨물에 담그거나 다시마를 끓인 물에 데치는데, 그나마 알맹이는 줄기에 견줘 알알한 맛이 덜해 국거리로 쓸 때는 껍질을 까서 물에 잠시 담가 두기만 해도 별문제 없다.

튼실하고 실속 있는 것을 알토란 같다고 하지 않던가. 꽉 찬 배춧속에 명란젓이라도 곁들인다면 이보다 든든한 계절 밥상이 없겠다.

가을, 네 번째 밥상 앞에서

사람, 가장 두껍고 값진 책

특별히 사람을 불러 말을 청해 듣는 초청 특강이라는 게 있다.
주로 어떤 분야에서 권위자로 인정받거나 쟁점의 중심에 서 있는 사람,
또는 유명 저자, 예술인, 정치인 등을 강사로 초대한다.
해당 지식이나 정보를 얻기 위해서라면 관련 자료를 찾아볼 수도 있다.
혼자서도 되는 일이다.
그런데 왜 굳이 한데 모여 사람을 불러서까지 무언가를 듣고 싶어 하는 걸까?

1980년대 초반부터 출판사 '뿌리깊은나무'에서 낸 《민중자서전》 연작을
한꺼번에 사서 책장 한 칸에 나란히 꽂아 두고 읽곤 했다.
구술자의 살아온 얘기를 사투리 그대로 받아 적은,
빼어난 우리말 자료집이기도 해서 아꼈는데 잦은 이사 중에
어디서 어떻게 사라졌는지…….
코팅 처리하지 않은 표지의 질박한 질감이 아직 손끝에 남아 있는 듯하다.

한 지상파 방송 '남도지오그래피'를 보면서도 든 생각이지만,
사람의 생애만큼 재미있고 감동적인 이야기가 없다.
무명의 삶일수록 애틋하다.
"내 살아온 얘기를 다 하자면 책 몇 권으로도 모자란다."
그렇다. 사람은 누구나 살아온 세월의 더께만큼 이야기를 품고 있다.
이보다 두툼하고 값진 책이 없다.
사람을 만난다는 것은 그 사람의 일생과 마주하는 일이다.
불러오든, 불려 가든 사람을 대하는 데 좀 더 진지하게
매무새를 가다듬어야겠다.

05

가을 다섯 번째 밥상

가을, 다섯 번째 밥상 차림

바지락탕국, 송화버섯구이

송화버섯! 처음 보는 물건인데, 먹어 보니 송이버섯과 식감이 비슷하다. 오히려 쫄깃한 맛은 더 낫다. 향도 송이에 뒤지지 않는다. 송이와 표고의 풍미를 합쳐 놓았다고나 할까. 가격도 일반 버섯보다는 비싼 편이지만 자연산 송이에는 비교가 안 되니 마트나 시장에서 눈에 띄면 우선 장바구니에 넣고 볼 일이다. '백문이 불여일식'이라고 송화버섯이야말로 달리 더 표현할 길이 없다.

송화버섯도 송이처럼 조리할 때나 보관할 때나 물기가 배어들어서는 안 된다. 칼질보다 손으로 하나하나 결을 따라 찢어야 한다는 점도 같다. 동물이든 식물이든 사물이든 소중한 것을 더 소중히 다뤄야 한다는 사실은 만고불변의 진리다.

나물밥을 양념장에 쓱쓱 비벼 뜬 밥숟가락에 송화버섯구이를 고기처럼 한 점 올려 앙! 입에 넣으려는데 누군가 밥상 앞에서 빤히 쳐다보고 있다면 차마 그걸 어찌 야멸차게 자기 입에 쏙! 넣을 수 있을 것인가.

가을, 다섯 번째 밥상 앞에서

누구에게나 아픈 손가락이 있다

열 손가락 깨물어 안 아픈 손가락 없다는 말이 있다.
열 손가락 다 내 손가락 아닌 것이 없으니
깨물면 안 아픈 손가락은 당연히 있을 수 없다는 뜻이겠다.
부모에게 모든 자식이 사랑스럽고 소중하다는 의미로 흔히 사용하는 말이다.
또 하나, 자식에 대한 부모의 마음이 나타나는 표현 중에는
'아픈 손가락'도 있다. 깨물면 안 아픈 손가락이 없지만,
유독 자주 아픈 손가락, 늘 마음이 쓰이고 켕기는 자식을 두고 이처럼 말한다.
두 경우 모두 자식을 내 몸의 일부로 여기는 비유적 표현이다.

자식은 아니지만 내게 아픈 손가락은 내 아우다.
나의 첫 시집《그곳인들 바람불지 않겠나》속〈아우에게〉에 나오는
"보리밥으로 덮은 형의 쌀밥 도시락과
쌀밥으로 덮은 네 보리밥 도시락의 차이를
묵묵히 눈물로 삼켰을" 그 아우,
전교조 활동으로 해직되어 만나고 돌아오던 길
"미루나무 그림자 속으로 멀어지며
돌아보는 눈길 몇 번이나 마주치던"
바로 그 아우다.

하도 말라 버린 젖꼭지를 물고 놓지 않는 막내 때문에 어머니는 소태나무 가지로
가슴을 문지르며 마냥 울기도 하셨으니,

4녀 2남의 젖줄에 매달려 인생의 단맛보다 쓴맛을 먼저 본

오인태, 〈내 아우〉 전문

위로 누나 넷에 장손으로 태어난 내 밑에 달린 남동생.
제 위로 다섯 남매가 다 먹어 치운, 말라 버린 젖꼭지를 물고
한사코 놓지 않았던 아우는 그래서인지 어디를 가든
어머니 치맛자락을 잡고 요샛말로 껌딱지처럼 찰싹 따라붙어 다녔다.
그렇게 여섯 살이 되도록 젖꼭지를 물고 놓지를 않았으니,
오죽하면 어머니는 자식에게 물리는 젖꼭지를 쓰디쓴 소태나무 가지로
문질렀겠는가. 우리 형제자매 중 몸집이
가장 작은 아우가 내겐 아픈 손가락일 수밖에 없는 사연이다.

나와 내 아우는 지금까지 살면서 한 번도 목소리 높여 다툰 적이 없다.
내가 너그러워서가 아니다. 가부장적인 집안의 차별을 희생과 양보로
묵묵히 참아 낸 아우의 속 깊은 이해와 배려 덕분임을, 나는 알고 있다.

06

가을 여섯 번째 밥상

가을, 여섯 번째 밥상 차림

홍합두붓국, 산적

홍합두붓국

어릴 때 산골에서는 생선도 생선이지만 살아 있는 조개나 싱싱한 조갯살이란 구경조차 할 수 없었다. 조갯살이라야 말린 홍합이 고작이었는데, 탕국에 넣기도 하고 조청이나 꿀에 조려 먹기도 했다. 요즘도 종종 밥상에 홍합 찬을 올린다. 멸치 육수에 무를 썰어 넣고 푹 익힌 다음, 작게 도막 낸 홍합과 두부를 가미해 한소끔 더 끓이면 홍합두붓국이다.

산적

명절이나 제사 때 대개 오양전이라 하여 소고기, 게맛살, 햄, 대파 같은 것들을 꼬치에 꿰어 밀가루와 달걀 물을 입혀 부쳐 내는데, 난 그렇게 안 한다. 소고기, 가지 고지, 우엉, 당근, 대파 따위를 꼬치에 끼운 다음 아무것도 묻히지 않고 들기름만 조금 둘러 살짝 굽든지, 아예 소고기에서 나온 기름으로만 익힌다. 물론 당근이나 우엉은 잘 익지 않으므로 살짝 데쳐 쓰면 된다. '전煎'은 말 그대로 밀가루를 입혀 기름에 지진 것이고, '적炙'이 재료를 꼬치에 꿰어 그대로 구운 게 아닌가, 싶은데 이를 고증해 주는 자료를 찾을 수가 없다. 어쨌든 내 방식대로 하면 보통의 지짐이나 부침개와는 또 다른 맛을 즐길 수 있을 것이다.

가을, 여섯 번째 밥상 앞에서

무심천과 무쇠솥

언젠가 청주 무심천 부근에서 아침밥을 먹고 무쇠솥 두 개를 샀다.
나중에 무심천 이름에 얽힌 전설을 찾아 읽고
그 무심천無心川이라는 것을 알았지만, 사연이 무엇이든
강물이 참 무심하게도 흐른다는 데서 유래했으리란 짐작은 했었다.
그때 식당을 나오면서 우연히 눈에 띈 무쇠솥을 선뜻 두 개나 샀던 것인데,
무심한 무심천과는 달리 물욕을 부려 꽤 비싼 무쇠솥을 산,
조금은 역설적이기도 한 기억이 문득 떠올라서 말이다.

도사연道士然하게 들릴 수도 있는 '무심하라'는 말은
세계에 대해 냉소하거나 무관심하라는 게 아니라,
외부 요인만 탓하지 말고 자기 성찰을 말미암아 감정을 조절하며
주도적으로 살라는 뜻이리라.
외부 환경에 일일이 즉자적으로 반응하는 반사형 인간과
모든 원인을 자신의 내부에서 찾아 문제를 해결해 나가는 주도형 인간
가운데 누가 성공하는 삶을 살 수 있을까?

유대인 심리학자 빅터 프랭클은 아우슈비츠 수용소에서의 어느 날 극도의 모멸감을 자극하는 간수에게 순간 미소를 지어 보임으로써 극한 상황을 뛰어넘었다고 한다.
이 정도 무심해지는 경지가 어디 말처럼 쉬운 일이겠느냐만.
나를 옥죄기도 하고 해방하기도 하는 것은 결국 내 마음이다.
그 마음의 중심을 잡는 기제가 무심함이다.

07

가을 일곱 번째 밥상

가을, 일곱 번째 밥상 차림

냉콩나물국, 낙지볶음

고춧가루 벌겋게 넣은 매운탕보다는 말갛게 끓인 맑은 탕을, 진 반찬보다는 마른반찬을 즐기는 편이다. 그렇다고 어디 내 입맛에만 맞춰 살 수가 있나. 약간 멜랑콜리한 날엔 매콤달콤한 낙지볶음도 괜찮겠다. 낙지볶음엔 심심한 냉콩나물국이 좋다.

---

1. 먼저 낙지를 손질한다. 굵은 소금으로 박박 치대서 빨판에 낀 이물질을 깨끗이 제거하고, 살짝 데쳐 적당한 크기로 썬다.

2. 낙지볶음의 맛은 낙지와 양념이 결정한다. 고추장, 고춧가루, 간장, 물엿, 다진 마늘, 생강가루, 먹다 남은 소주를 섞어 걸죽한 양념을 만든다. 비율은 맛과 농도를 보아 가며 요령껏 조절한다.

3. 양배추, 양파, 당근, 애호박을 한 입 크기로 썬다. 대파, 청양고추, 풋고추, 홍고추는 어슷어슷 썰어 둔다.

4. 기름 두른 프라이팬에 양배추, 양파, 당근, 애호박을 먼저 살짝 볶다가 데쳐 둔 낙지를 넣고 골고루 섞듯 익힌다. 그런 다음 양념과 썰어 놓은 고추, 대파를 넣고 통깨를 뿌려 가며 센 불에 마저 볶는다.

가을, 일곱 번째 밥상 앞에서

사랑의 방정식

사랑도 관계이다.

자아가 너무 강하면 상대는 심리적 거리감을 느끼고,

끝내 제풀에 지쳐 쓸쓸히 등을 돌리게 된다.

반대로 자아가 유약하면 상대에게 점점 더 의탁하게 되고,

그것이 부담스러워진 상대는 벗어나고자 한다.

붙들려다 떠나보낸 뒤에는 제 몫의 상처만이 남는다.

사랑하는 관계에서 자아가 비대하면 상대에게 상처를 주고,

자아가 약하면 나 자신에게 상처를 입힌다는 말이다.

모든 관계가 그렇듯이 문제는 조절과 배려다.

넘치는 것도 모자라는 것도 결국 이기적일 뿐이다.

나는, 이기적인가. 이기적이었나.

한 번씩 스스로 물어본다.

08

가을 여덟 번째 밥상

가을, 여덟 번째 밥상 차림

라면탕

대릿밥이라고 기억할는지 모르겠다. 쌀밥이 귀하던 시절 겨울이면 또래들과 각자 집에서 한 줌씩 가져온 쌀을 모아 함께 밥을 지어 먹었는데, 이를 "대릿밥 해 먹는다."고 했다. 대릿밥은 순번을 정해 돌아가며 서로의 집에서 해 먹었는데, 어느 집이든 반찬이라야 시골에서 흔하디흔한 무오그락지나 고들빼기김치, 무채 무침 정도가 다였다. 그럼에도 제삿날과 명절, 생일을 제외하고 하얀 이밥을 먹을 수 있는 귀한 날이 대릿밥 먹는 날이었으니, 그 향기로운 밥맛이 오죽했으랴.

일 년에 고작 몇 번씩 맛보는 꿀맛 같은 이밥을 밀어낸 것이 바로 라면이었다. 라면을 처음 먹어 본 게 초등학교 3학년이나 4학년 무렵이었을 텐데, 대릿밥 해 먹는다고 쌀을 모아서는 라면과 바꾸었던 것이다. 이밥보다 맛있는 라면이었으니, 고등학교부터 대학까지 외지로 나가 자취를 하면서 일주일 내내 라면만 끓이기도 했다. 콩나물 라면, 미역 라면, 김치 라면, 냉이 라면, 무 라면, 시금치 라면, 된장 라면… 별의별 라면을 끓여 봤지만, 실은 다 익을 때쯤 고춧가루만 살짝 풀어 넣은 것이 제일 맛있다. 라면 본디의 약간 누리면서도 감칠맛 나던, 어릴 때 그 맛을 오롯이 느낄 수 있어서일까?

가을, 여덟 번째 밥상 앞에서

탱자탱자 노는 것의 효용성

'탱자탱자'란 말이 있다.
사전을 보면 "할 일 없이 빈둥거리는 모양을 나타내는 말"이라고 풀어놓았다.
빈둥거리는 것을 왜 탱자탱자라 했을까?

혹시 조그맣고 둥근 탱자가
뒹굴뒹굴 돌아다니는 모습에서 나온 말이 아닐까,
하는 생각도 해 본다.
'종일 탱자탱자 놀았다'와 비슷한 뜻으로
'종일 뒹굴뒹굴했다'고도 하지 않는가.

탱자탱자 노는 것은 정말 무용한 일일까?
탱자탱자를 "할 일 없이"라고 풀이한 걸 보면 일과 놀이를 구분하려는,
단지 책상머리 관념이라는 의심이 든다.

노래와 놀이와 일은 본디 분리할 수 없는 한 몸이었다.
자고로 일하면서 노래하고 놀이하고, 노래하고 놀이하면서 일했다.
농한기도 농번기를 위해 노동력을 축적하는 시간이지 않던가.
네덜란드의 역사학자 요한 하위징아는 현생인류를 호모루덴스,
즉 놀이하는 인간으로 규정했다.

쉬는 것이나 노는 것이나 다 일이라는 관점으로
노동 시간을 바라볼 필요가 있다.
놀이와 일이 공존하는, 질 높은 삶을 보장하지 않고서
어떻게 사람의 품격을 기대할 수 있겠는가.

09

가을 아홉 번째 밥상

186 밥상머리 인문학

가을, 아홉 번째 밥상 차림

닭칼국수

혼자 사는 사람에게는 뭘 해 먹을지에 대한 고민도 고민이지만, 그보다 양 조절이 늘 문제다. 냉장고엔 유효기간 지난 재료가 쌓이기 일쑤고, 자칫 버리는 게 반이니. 닭 한 마리를 사면, 삶아서 식감이 좋은 부위는 발라 먹고 바로 닭칼국수나 닭개장을 끓일 수도 있지만, 아무래도 혼자 한꺼번에 해치우기엔 양이 너무 많다. 이럴 때 닭 삶은 육수와 함께 남은 고기를 잘게 찢어 각각 밀폐 용기에 담아 냉동고에 보관하면 언제든, 닭개장이든 닭칼국수든 해 먹을 수 있다.

1. 닭은 좀 비싸더라도 토종닭을 사서 통마늘과 함께 고다시피 푹 삶는다. 생강가루도 넣어 주면 더 좋다.
2. 식용유 두어 방울 떨어뜨린 칼국수 반죽에 밀가루를 뿌려 가며 홍두깨로 좍좍 민 다음 칼로 썬다. 칼국수 반죽은 수제비보단 되직해야 한다. 그러고 보니 칼로 썬다고 칼국수, 손으로 빚어 날린다고 수제비인 건가?
3. 소금으로 간한 닭 육수에 살코기는 찢고, 감자는 쪼개듯 썸벅썸벅 썰어 넣고 끓인다. 감자가 익을 때쯤 국수를 넣는다.
4. 국수가 적당히 익었다 싶으면 다진 마늘과 함께 애호박, 대파, 청양고추를 썰어 넣고 한소끔 더 끓인다. 마지막에 계란 지단이나 전복 숙회 따위를 꾸미로 얹어 내면 완성이다.

가을, 아홉 번째 밥상 앞에서

뒷간 추억

예나 지금이나 뒷간 시간이 잦고 길기는 마찬가지다.
궁핍했던 시절에 먹은 게 많아 그랬을 리는 만무하다.
오히려 못 먹은 탓에 걸린 변비나 횟배앓이였다면 모를까.
어쨌든 잦은 배앓이 탓도 있긴 했지만,
이렇게 뒷간 시간이 길고 잦은 데는 다른 이유가 있었다.

뒷간에 가면 볼일이나 보면 될 일이지, 꼭 책이든 하다못해 굴러다니는
종이 쪼가리 하나라도 읽을거리를 가지고 들어가는 버릇 때문이었다.
어릴 때 나는 소문난 독서광이었다.
만화책이든 소설책이든 잡지든 닥치는 대로 읽었다.
꼬박 십 리를 걸어 통학하면서 손에서 책을 놓은 적이 거의 없었다.
그렇게 책을 읽다 논으로 걸어 들어가는 일도 더러 있었다.

내용을 알고 읽었는지 어쨌는지는 모르겠지만
햄릿, 전쟁과 평화, 적과 흑, 삼국지, 수호지, 죄와 벌, 테스 따위 세계 명작들을
초등학생이던 그때 대부분 읽었다.
덕분에 학교 공부는 시시하여 별로 애쓰지 않았는데도 꽤 잘하는 편이었고,
당시 한창 극성이던 고전 읽기 대회에 군 대표로 뽑혀 진주까지 가곤 했다.
아마 내 독서량의 칠 할쯤은 초등학교 때 채운 것이리라.

뒷간을 해우소라고도 하던가. 뒷간에 앉아 있으면 그렇게 편할 수가 없었다.
그때야 좌변기가 없었으니 쪼그리고 앉아 있노라면
엉금엉금 기어 나와야 하다시피 다리에 쥐가 올랐으면서도 말이다.
연모 창고나 돼지우리를 겸하던 그 무렵 뒷간은
내게 독서실이나 사색장이었을 뿐만 아니라 다양한 생물을 관찰하는
훌륭한 학습장이기도 했다. 지네, 거미, 노래기, 이름을 알 수 없는 수많은 벌레,
그리고 날 선 연모들, 또 이따금 들리는 아버지의 헛기침 소리…….

이제는 사방이 흰 벽면으로 밀폐된, 이름조차 희한하게 바뀌어 버린 화장실.
밥 먹는 시간은 늘리고 화장실에 머무는 시간은 줄여야 하는데 그게 잘 안된다.

10

가을 열 번째 밥상

가을, 열 번째 밥상 차림

소고기미역국 생일상

소고기가 귀했던 옛날에, 미역국은 그냥 미역국이었다. 다 끓인 미역국에 참기름이나 들기름 한두 방울 떨어뜨려 주는 것이 다였다. 산골에서는 그나마도 생일에나 맛볼 수 있었다.

남해에서는 잔 비늘의 흰 살 생선이면 뭐든 미역국에 넣어 먹는다. 장갱이, 도다리, 양태, 볼락, 심지어 우럭을 넣고 끓이기도 한다. 그래도 생일상엔 구수한 소고기미역국이 뿌듯하다. 소고기가 넉넉히 들어간 미역국에 구운 김과 생선 한 토막이면 세상에 나온 기쁨과 고마움을 느끼는 데엔 부족함이 없다.

1 멸치와 다시마로 육수를 낸다.
2 솥에 들기름 몇 방울 둘러 다진 마늘을 볶다가 소고기를 넣고 좀 더 볶는다. 이때 미역을 같이 볶으면 더 감칠맛 나는 미역국이 된다.
3 소고기를 볶을 때 국간장으로 밑간한다. 소고기미역국은 밑간을 액젓 대신 국간장으로 해야 소고기 특유의 구수한 맛을 음미할 수 있다.
4 소고기와 미역을 볶은 솥에 육수를 붓고 중불로 은근히 끓인다. 부족한 간은 소금으로 맞추는데, 미역에 염분이 있으므로 되도록 싱겁게 간한다.

가을, 열 번째 밥상 앞에서

'무엇'에서 벗어난 삶의 자유

"무엇이 될 거냐?"
부모들, 심지어 학교에서도 아이들에게 무엇이 될 거냐고 다그치며
무언가가 되라고만 강요하지 어떻게 살 거냐고 묻지 않는다.
바라는 대로 그 무엇이 되는 사람이 얼마나 될까. 열에 한둘 정도?
그럼 나머지 여덟이나 아홉은?

나도 그 무엇에 매달린 때가 있었다.
고등학교 3학년 때 학도호국단이 학생회로 바뀐 후
첫 학생회장 선거에 나갔다 떨어졌던 일,
모교 교수로 가려고 잠시나마 안달했던 일이다.
떠밀리다시피 나섰던 학생회장 선거에서의 낙선은
태어나 처음 겪은 실패라 충격만큼 스스로 돌아보는 계기가 되었고,
교수가 되지 못한 건 내 능력 밖의 일이기도 해서
호락호락하지 않은 현실을 실감하며 한계를 뼈저리게 느꼈다.

무엇인가가 되려고 연연하는 것이
삶을 얼마나 속박하고 비루하게 만드는지 알았다.
욕심을 내려놓으니 처신이 한결 가볍고 자유로워졌다.
그러니 이렇게 바꿔서 물어보자.
"어떻게 살 거냐?"

11

가을 열한 번째 밥상

가을, 열한 번째 밥상 차림

잔치국수

어디 밥만 먹고 살 수 있나. 어릴 땐 몇 끼를 거푸 국수를 끓여 내놔도 투정하지 않을 만큼 국수를 좋아했다. 어른이 되고서는 위장이 성치 않아 되도록 피하긴 하지만 '음주후면'이라고, 해장 음식으로는 국수야말로 명불허전이다. 꼭 잔칫날에만 잔치국수를 먹으란 법 없다. 잔치국수 먹고 잔치 기분 내면 그날이 바로 잔칫날 아니겠는가.

---

1. 국수 육수는 뭐니 뭐니 해도 멸치 우린 것이 으뜸이다. 더러 쓰기도 하는 디포리는 멸치보다 맛이 진해서인지 국물도 좀 노리짱하니 기름져 보인다. 하여간 멸치든 디포리든 애들 손바닥만 한 다시마를 함께 우리면 국물이 더 깊어지고 게미가 난다. 표고버섯이 있다면 좀 넣어서 끓여도 괜찮다.
2. 국간장에 다진 마늘, 쫑쫑 썬 쪽파, 청양고추, 통깨, 고춧가루를 넣고 참기름 두어 방울 떨어뜨려 양념장을 만든다.
3. 김 채는 양념장에 넣기도 하지만, 국수에 꾸미로 얹어 내기도 한다. 이것 말고도 입맛에 따라 갖은 나물을 곁들이면 더 좋다. 무엇보다 묵은지를 조금 씻어서 썰어 올리면 금상첨화다.

가을, 열한 번째 밥상 앞에서

사과와 용기

누군가에 대한 미움은 스스로를 옹졸하게 만든다.
결국 사과와 용서는 누구보다 자신을 위한 일이다.
마지못해 하는 어설픈 사과는
상대의 기분을 더 상하게 해서 호미로 막아도 될 일을
가래로도 못 막을 상황으로 만들기 일쑤다.
사과를 하려면 상대가 원하는 부분을 정확히 짚어,
그쪽에서 오히려 미안함을 느낄 정도로 흔쾌히 해야 한다.

진정으로 사과할 마음이 없으면, 그리고 사과하고 싶지 않은 이유가 분명하면
상대를 설득하든지, 아니면 시간을 두고 기다리는 게 좋다.
괜히 상황을 악화시킬 필요도 없지만
무엇보다 시늉뿐인, 안 하느니만 못한 사과를 하고 나면
시간이 지날수록 궁색해지는 자신의 모습에 부끄러워지지 않던가.

사과를 하는 것은 문제를 털고 가는 일이다.
뭐든 털 건 털어 버려야 깨끗해지고 분명해진다.
제때, 기꺼이 사과하는 것이야말로 진정한 용기이자 지혜로운 처세술이다.
머리 숙인 이에게 침 뱉을 사람은 없다.

12

가을 열두 번째 밥상

가을, 열두 번째 밥상 차림

바지락맑은탕, 콩나물비빔국수

기분이 꿀꿀하고 착 가라앉을 때는 매콤새콤달콤한 맛이 당기는 걸 어쩌랴. 이럴 때는 비빔국수가 딱 좋다. 국수가 좋긴 한데, 씹히는 무언가가 없어 서운한 감이 없지 않다. 먹는 건 씹는 맛 아닌가. 면발에 섞여 있는 듯 없는 듯, 그러면서도 아삭아삭 씹혀 식감을 돋우는 콩나물을 데쳐 국수와 함께 비빈다.

탄수화물 덩어리인 국수에 단백질이랄 게 없으면 또 뭔가 좀 헐렁하여 삶은 달걀 반쪽을 얹는다. 내친김에 욕심을 부린다면 매콤한 비빔국수엔 칼칼한 조개탕만 한 게 없으니 맑은 바지락탕도 끓여 낸다. 이 조합이면 우중충했던 기분이 구름 속에서 해가 쏙 나선 듯 금세 쨍쨍해지리라.

가을, 열두 번째 밥상 앞에서

멍게와 전쟁

어떤 사람이 시장엘 갔는데 생전 처음 보는
기이한 생물이 있어 사 와서는 밭에 심었다는,
그 전설적인 멍게! 결과야 빤한 얘기지만,
멍게의 요상스런 생김새를 아는 사람이라면 어이없기는 해도
한편으론 그럴 수도 있겠다 싶어 고개를 끄덕일 것이다.

실은 멍청한 게 멍게가 아니라 멍게를 흙에다 심은 사람인데도
애먼 생물에 멍게라는 이름을 멍에처럼 덧씌웠으니.
그래도 뭐 이 정도야 말놀이쯤으로 웃어넘길 수 있는 일이다마는.

만약 전쟁이라는 말이, 단지 말이 아닌 현실이 된다면 어떻게 될까?
긴말할 필요 없이 인권, 이성, 민주주의, 경제, 환경, 교육,
예술, 교양, 미래, 창조…… 이따위 말들이 아무런 의미도 소용도 없게 된다.

무엇보다도 전쟁의 참혹함은 우리의 일상을 파괴하는 데 있다.
파괴된 일상에서 인간의 품격이 온전히 지켜질 리 없다.
인생 살 만큼 산 어른들이야 그렇다 치더라도
아직 피지도 못한 우리 아이들은 어쩔 것인가.

전쟁을 억지하는 방법에는 이론이 있을 수 있다.
그러나 전쟁이 일어나선 안 된다는 데는 이견이 있을 수 없다.
멍게만도 못한 지능과 판단력을 가진 게 아니라면 말이다.
하긴 늘 사고를 치는 건 다른 종보다 높은 지능을 가졌다는 인간이 아닌가.

13

가을 열세 번째 밥상

가을, 열세 번째 밥상 차림

제삿밥

자정이 되어야 지내는 제사를 기다리는 건 고역 중에서도 고역이었다. 자는 척을 하다 진짜 잠이 들었는데 꿈결에 제사를 다 지냈는지 딸깍딸깍 제기와 수저 부딪는 소리, "애들도 깨워야지요." "깨우긴 뭘 깨워. 자는데 내버려 둬요." 두런두런 어른들 얘기 소리……. 이건 눈을 뜰 수도 없고, 그냥 있자니 온갖 맛난 것들이 아른거리고……. 다음 날 아침에야 온 식구가 둘러앉아 먹던 제삿밥, 그 추억이 얼마나 사무쳤으면 헛제삿밥이 생겼을까. 제삿밥이란 박 바가지에 밥을 쏟아붓고, 삼색 나물에 탕국 국물도 넣고, 참기름까지 듬뿍 뿌려 비벼서는 다 같이 둘러앉아 먹어야 제맛! 여기에 고추장도 넣었던 식구들의 비빔밥과는 다르게 아버지는 간장만 넣고 비비셨다. 돼지고기 수육도 간장이나 소금에 찍어 드셨는데, 그 맛을 그때부터 알았는지 나도 회나 수육을 초장이나 된장 대신 간장, 소금에 찍어 먹기를 즐긴다. 아버지 생전에는 마음에 들지 않은 점이 한둘이 아니었는데 나이가 들수록 아버지와 꼭 빼닮은 부분이 많다는 것을 깨닫곤 움찔움찔 놀란다. 별수 없이 나는 아버지의 아들이다.

가을, 열세 번째 밥상 앞에서

내 시가 자꾸 짧아지는 이유

언젠가 한 방송사 인터뷰에서 진행자가 촬영을 마무리하던 도중
질문지에 없는 질문을 던졌다.
"도대체 시인은 어떤 존재냐?"
망설임 없이
"시인은 자신의 상처로 세상의 상처를 치료하고자 하는 존재"라 말하고는
제대로 답한 것처럼 우쭐한 마음이 들면서도 좀 멋쩍었던 기억이 난다.

시인이 세상일에 동병상련하는 존재인 건 맞다.
그리고 세상이 불온하고 불의하면 온몸으로 저항하기도 한다.
마땅히 시인은 시대의 전위에 서 왔다.

시인의 언어는 세상과 동떨어진 자기만족의 언어가 아니라
세상의 상처를 어루만지는 위로의 언어이다.
세상 모든 것을 제 몸처럼 사랑해 더불어 앓으면서 또한 치유해 가는 언어이다.

사랑이랍시고, 위로랍시고, 마구 던져 놓은 내 시가
오히려 세상의 상처를 덧내고, 분노를 부채질하고, 절망을 키웠다면?
갈수록 시를 쓰는 일이 두려워진다.

따뜻한 밥 한번 꼭 나눌 수 있기를……. 더 늦기 전에.

겨울

01

겨울 첫 번째 밥상

겨울, 첫 번째 밥상 차림

남해 시금치해물칼국수

해풍을 맞으며 겨울을 난 남해 야생 시금치는 그대로가 약초다. 노지에서 자라 저장성이 좋으며 특유의 향도 개량종 시금치와는 비교가 안 된다. 이것저것 해산물로 국물을 만들고 남해 시금치를 갈아 넣은 반죽을 채 썰어 끓여 내면, 이것이 남해 시금치해물칼국수다.

겨울, 첫 번째 밥상 앞에서

쉼표를 찍는 용기

여간해서 눈을 볼 수 없는 이 도시에 첫눈이 내렸다.
퇴근길에 바라본 정병산이 온통 하얗다.
교육 전문직 연한이 만기되어 유예 신청을 했는데
오늘 인사 발표를 보니 처리됐다. 일 년을 더 여기 머물게 되었다.
마침표 아닌, 쉼표 하나 또 찍는다.

학교를 비롯한 교육 기관은 인사철인 2월, 이때가 가장 부산하다.
심란하기도 하다. 핑계 삼아 후배와 선술처럼 한잔하고 막 헤어졌다.
망중한이랄까. 경황없는 가운데 애써 짬 내어 마시는 술맛이라니.
술도 쉼표 찍듯 마셔야 맛있다. 그것도 두셋이 함께, 많아야 넷 정도.
그래야 감칠나면서 화기애애하다.
시간 잡아 격식 갖추고 전투하듯 떼로 모여 마시는 술은 맛없다.
피곤하고 도리어 스트레스가 쌓인다.

쉼표 없는 문장은 얼마나 숨 가쁘던가.
곁두리마저 없는 노동은 또 얼마나 고되던가.
하물며 긴 인생 이따금 쉬어 가지 않으면 얼마나 팍팍하고 고단할 것인가.
잘 쉬는 것은 그야말로 빈둥빈둥 노는 것이다.
무료할 정도로 빈둥거리는 것이 최상의 안식이다.

그런데 다들 시간이 나면 뭘 할 것인가부터 생각한다.
무슨 일이든 하지 않으면 마치 큰일이라도 생기는 것처럼.
그래서는 휴식이 안 된다.

휴식 중에는 전화기를 아예 꺼 놓거나
무음으로 맞춰 팽개쳐 두는 것도 나만의 시간 속을 마구 뒹구는 방법이다.
그렇지만, 그럴 용기가 있나?
내 전화기 내가 꺼 놓는 일에도 대단한 용기가 필요한 세상,
쉼표 하나 찍는 일이 참 어렵다.

02

겨울 두 번째 밥상

겨울, 두 번째 밥상 차림

굴떡국

소고기가 귀한 어렸을 적엔 주로 닭고기나 돼지고기 가운데 지방질이 적은 살코기 부위로 떡국을 끓여 먹었던 기억이 난다. 지금도 떡국에는 소고기를 잘 쓰지 않는다. 설날이야 소고기를 넣긴 해도 평소 먹는 떡국엔 대개 굴이 들어간다.

떡국이란 게 본디 간단한 음식이라 노상 해 먹는 과정이 있지마는, 주재료가 무엇이냐에 따라 맛을 내는 방식이 조금 달라진다. 소고기떡국은 국간장으로, 굴떡국은 액젓으로 간을 하면 좋다. 또 소고기떡국엔 파를 넣는 게 어색하지만 굴떡국에 들어간 파는 시원하고 깔끔한 맛을 낸다.

1 굴은 연한 소금물로 가볍게 씻어 물기를 빼 둔다.
2 멸치와 다시마로 육수를 낸다.
3 액젓으로 육수 간을 맞추고 떡을 넣어 계속 끓인다.
4 떡이 어느 정도 익으면 대파, 두부를 썰어 굴과 함께 넣고 한소끔 더 끓인다.
5 계란 지단과 김 채를 꾸미로 얹어 낸다.

겨울, 두 번째 밥상 앞에서

효리 아재와 가죽부각

어릴 적 우리 집에 오는 손님 가운데
부모님이 가장 어려워하고 공대했던 어른은 효리 아재였다.
함양을 본관으로 하는 우리 함양 오가 수오당공파 25대 종손이 아버지였고,
그 아버지가 효리 아재라고 불렀으니
내게는 할아버지뻘 되는 집안 어른이셨던 셈이다.

위로 누나 넷을 두고 맏아들로 태어난 나는
할아버지와 할머니의 얼굴을 뵌 적이 없다.
어머니에게 모진 시집살이를 시켰던 할머니는 세상을 떠나시면서
"이번에는 아들을 낳을 것"이라고 하셨다는데,
꼭 한 달 뒤에 내가 세상에 나왔다고 하니
아무래도 어머니가 시집살이를 한 데는 딸만 줄줄이 낳고
아들을 낳지 못한 죄 아닌 죄가 무엇보다 빌미가 되었으리라.

일자무식이었던 그 할머니가 할아버지의 외유 중
집에 있던 족보를 모두 뜯어 벽지로 썼고,
효리 아재와 아버지가 문중을 수소문하고 다니며
일일이 붓으로 족보를 다시 정리하면서
우리 집에 가끔 오셨던 것으로 알고 있다.

할아버지는 마을 서당 훈장을 하시다가
한약 행낭 하나 달랑 둘러매고 어디를 헤매셨는지
집에는 몇 년에 한 번씩 돌아오셨다고 했다.
그때가 일제 강점기였으니 만주에서 독립운동이라도 하신 건지,
별 뜻 없이 마냥 유랑을 하신 건지
아버지는 할아버지의 행적에 대해 일절 다른 말은 없었지만,
소학교 문턱도 넘지 못한 아버지가 한문과 국문을
모두 할아버지에게서 익힌 것은 분명해 보인다.

효리 아재가 오시는 날이면 밥상에 오르던 찬이 바로 가죽부각이었다.
평소에는 구경도 할 수 없었던 가죽부각을 한두 개 남기시면
그걸 마치 고기처럼 잘근잘근 씹었는데,
쫄깃하니 특유의 향기를 풍긴 그 맛을 아직도 잊을 수가 없다.

가죽 순에 찹쌀가루 풀을 입혀 말린 가죽부각을 몇 년 전만 해도
통영대전고속도로의 함양휴게소에서 팔기도 하여
지금 내 냉장고에 수년째 쟁여 두고 있지만,
효리 아재도, 아버지도 오실 리 없건만,
나는 그것을 쉬 꺼내 먹어 치우거나 버리지를 못하고 있다.

03

겨울 세 번째 밥상

겨울, 세 번째 밥상 차림

황탯국

황태는 해풍이 부는 바닷가 덕장에서 얼고 녹는 과정을 반복하여 딱딱하지도 무르지도 않고 부드러우면서 쫄깃하니, 이름처럼 노란빛을 띠는 명태를 말한다. 구워 먹기도 하고, 쪄 먹기도 하고, 국 끓여 먹기도 하고⋯ 명태의 다른 이름들만큼 조리 방법도 다양하다. 그중 황탯국은 지역에 따라 조리법이 또다시 나뉘긴 하나, 국물이 뽀얗니 툭툭하고 두부가 들어간다는 공통점을 가진다. 국물이 툭툭한 건 황태 자체에서 우러난 성분도 있지만, 대개 쌀뜨물을 넣어 끓여서 그렇다.

조태, 망태, 동태, 깡태, 백태, 흑태, 골태, 무두태, 코다리, 북어⋯ 따위, 명태만큼 다양한 이름을 가진 생물이 없을 것이다. 포획 방법, 건조 정도나 상태, 그리고 최종 형태에 따라 이렇듯 가지각색 부르니 말이다. 눈 빤히 뜨고도 제 한 치 앞을 볼 수 없는 생이 어찌 명태뿐이랴.

겨울, 세 번째 밥상 앞에서

아침에 떨어진 꽃을 저녁에 주워

지리산 청학동에 있는 여기 묵계초등학교에 오고
최근에야 묵계라는 지명이 생긴 연유를 알았다.
학교장 승진 발령을 받고 교육 전문직 생활 9년 만에 학교 현장으로 돌아와
이래저래 경황이 없다가 한숨 돌리고서야 이곳 지명의 유래가 궁금해졌는데,
지역민 중에서도 이에 대해 아는 사람이 없었다.

인터넷에 청암면 묵계리로 검색을 해도 한자 병기가 생략되어
궁금증이 더해지던 차, 우연히 과거 이 학교에 근무했던 교사에게
계곡 물소리가 들리지 않아 묵계리라 한다는 얘기를 듣게 되었다.
그제야 묵계의 한자 표기가 黙溪임을 깨달았다.

산이 클수록 웅숭깊고 골이 깊을수록 고요한 법이다.
그러고 보니 심산유곡인 이곳에 온 후
여름밤에도 계곡 물소리를 들은 적이 없는 것 같다.
흐르는 물소리마저 제 가슴에 품어서인가.
계곡은 고요하지만 계절마다 온갖 꽃이 피고,
특히 봄엔 여기저기 연붉은 복숭아꽃이 만발한다.
무릉도원으로 불리는 이유가 이래선가 싶다.

한 해 더 청학동에 머물게 되었다.

오자마자 눈코 뜰 새 없이 바쁜 나날에 주위를 살필 겨를이 없었지만,

다시 맞는 봄엔 목련이든 벚꽃이든 아침 운동장에

지천으로 널린 꽃잎을 주워 저녁에 차를 끓여 마시는

조화석습*의 여유와 성찰의 시간을 가지련다.

*중국의 문호 루신이 쓴 책 제목, 朝花夕拾(조화석습, 아침에 떨어진 꽃을 저녁에 줍다)에서 따옴.

04

겨울 네 번째 밥상

겨울, 네 번째 밥상 차림

연포탕

빨판을 죄다 박고 필사적으로 버티던 산 낙지의 완강한 근력을 기억할 것이다. 쓰러진 소도 일으켜 세운다는 낙지.

1 낙지는 굵은 소금으로 박박 치대거나 밀가루로 문질러 빨판에 낀 이물질을 깨끗이 제거해 둔다. 낙지볶음이라면 냉동 낙지도 괜찮지만, 연포탕은 양념 없이 낙지 본디의 맛을 탐미하는 음식이라 무조건 살아 있는 것으로 구하기를 권한다.

2 육수는 일단 무만 직사각형으로 썰어 넣고 끓이는데, 게미가 없겠다 싶으면 멸치도 몇 마리 같이 우린다. 낙지 맛을 그대로 느끼고 싶다면 멸치 액젓으로 밑간만 해서 끓여도 된다.

3 육수가 우러나면 다진 마늘과 애호박, 대파, 청양고추, 홍고추를 썰어 넣고 손질해 둔 낙지를 마지막에 넣어 한소끔 더 끓인다.

겨울, 네 번째 밥상 앞에서

자리와 능력

과유불급이란 말이 있다.

지나침은 모자람만 못하다는 뜻이다.

욕심을 경계하라는 것인데, 그 욕심이 어디 물욕에만 해당되겠는가.

차라리 물욕은 개인적인 손해로 그치니 그나마 낫다고 볼 수도 있겠다.

물욕보다 더한 건 자리 욕심이다.

남에게 피해를 주기도 할 뿐 아니라 공개적으로 망신까지 당하기 십상이니.

자리라는 건 자기 능력으로 너끈히 감당할 만한 것이어야 한다.

과분한 자리에 앉으면 제대로 역할을 수행하지 못하는 것은 물론이고,

그러다 보면 주위로부터 '저런 사람이 어떻게 저 자리에 있나?'라는

자질론에 휘말리게 된다. 아무도 그의 직급에 맞는 권위를 인정하지 않는다.

이렇게 되면 자리가 가진 힘으로 스스로 권위를 세우려 들고

위력으로 분위기를 제압하려는, 최악의 상급자가 되기 마련이다.

소위 갑질하는 갑이 되는 것.

오히려 자신의 역량에 조금 미치지 못한 자리에서
큰 실수나 잘못 없이 능력을 보여 주면 사람들은
'저 자리에 있기는 아까운 사람'이라고 아쉬워한다.

돌이켜 보니 공직 생활 내내 자리에 대한 욕심 없이,
일할 수 있는 곳이면 어디든 마다하지 않았다.

05

겨울 다섯 번째 밥상

겨울, 다섯 번째 밥상 차림

전복죽

전복죽을 끓일 땐 선택해야 한다. 죽에 내장을 넣을 것이냐, 아니면 내장은 빼고 전복 살로만 끓일 것이냐. 내장을 쓰면 영양이 풍부해지고, 빼면 정갈해 보인다. 숙회나 구이로 먹을 때는 어찌 조리해도 상관없으나, 대개 병후 원기 회복과 영양 보충을 위해 찾는 전복죽은 내장을 빼면 팥 없는 찐빵이나 마찬가지다.

1. 멥쌀과 찹쌀을 반반씩 섞어 불려 둔다.
2. 전복은 손질해 내장과 살을 따로 떼어 놓는다.
3. 전복 껍데기와 다시마로 육수를 낸다.
4. 솥에 참기름을 두르고 내장을 넣어 으깨면서 볶는다.
5. 살을 잘게 다져 내장과 함께 볶는다. 전복 살은 숙회로 먹거나 일부 남겨서 고명으로 얹어 내도 된다.
6. 육수를 조금씩 부어 가며 불린 쌀을 같이 볶는다. 쌀이 어느 정도 익으면 남은 육수를 몽땅 붓고 센 불에 끓인다. 간은 소금으로 맞춘다.

겨울, 다섯 번째 밥상 앞에서

인생 시는 아직 써지지 않았다

내가 '많은 것을 가지고 자유롭게 사는 사람'으로 보이나 보다.
남들이 그러니 그런 것 같기도 하지만,
그렇다고 가진 게 많아 흥청망청 써 본 적은 없다.
진학도 진로도 내 원대로 결정한 것이 아니었다.
교대에 들어간 건 그때로서는 등록금이 가장 싼 교대 외엔
대학 갈 형편이 못 되었던 까닭이 컸다.

입학 당시 등록금이 11만 원 조금 넘었던 걸로 기억한다.
게다가 남자들은 현역 복무 대신 재학 중
훈련 이수를 통해 졸업과 함께 하사로 예편할 수 있었으니…….
고등학교 다닐 때는 이런 솔깃한 특전을 가진 대학이 있는 줄도 몰랐다.

교대를 나와 저절로 교사가 되었고,
뒤늦게 공부에 재미를 붙여 학위도 받고 모교에서 시간 강사도 했다.
그러다 교육 전문직 공채에 응시해서 장학사도 하고,
교육 연구사를 거쳐 교육 연구관을 지낸 끝에
지금은 시골 초등학교 교장으로 정년 퇴임을 눈앞에 두고 있다.
교직에 들어와서 해 볼 건 다 해 본 셈이다.
그러나 어떤 성취나 직위를 위해 목을 맨 적은 없었다.
살다 보니 어떻게든 된 것일 뿐.

누구나 경험할 수 있는 일이 아닌 해직 교사의 영예도 누렸고,
교육 운동뿐만 아니라 풀뿌리 현장에서
시민운동, 언론 운동, 문화 운동까지 두루 경험했다.
그 과정에서 정치적 의사를 표현할 때도
어떤 이념이나 정파에 매이지 않은 채 직업이나 처지를 의식하지 않고
소신껏 발언하며 살아왔다.

아마도 그래서 사람들이 나를 '많은 것을 가지고
자유롭게 사는 사람'으로 여길 수도 있지만,
사실 스스로 생각하는 가장 큰 자산은 시를 쓰는 사람이라는
자각과 자부심이다. 나의 자유의지도 여기서 비롯됐다.

내가 새로운 도전과 변신을 두려워하지 않는 것은
본능적으로 자기 부정과 혁신에 익숙하기 때문이다.

시인은 어제 쓴 시를 버리지 않으면 오늘의 시를 쓸 수 없고,
오늘의 시를 버리지 않으면 내일의 시를 쓸 수 없는,
끊임없는 자기 부정의 천형을 스스로 짊어진 존재다.

오늘도 여전히 시를 쓰는 이유는
아직 나의 인생 시를 쓰지 못했기 때문이다.
만약 시인의 인생 시가 자기도 모르는 사이 단 한 편이라도 써졌다면,
그가 죽고 난 후에야 비로소 세상에 모습을 드러내리라.

이런저런 자리에서 밝혔듯, 살아오면서 어떤 갈림길에 섰을 때
늘 선택의 기준은 이 길을 가면 시를 쓸 수 있느냐는 것이었다.
생을 되돌린다고 해도 크게 다를 것 같지 않다.

06

겨울 여섯 번째 밥상

234 | 밥상머리 인문학

겨울, 여섯 번째 밥상 차림

매생이굴국

"미운 사위 매생이국 준다."는 말이 있다. 매생이는 아무리 펄펄 끓여도 보글거리는 게 보이지 않아, 뜨거운 줄 모르고 먹었다가 입천장이나 혀를 데기 십상인 데서 나온 말이란다.

미운 사위에게나 주는 천덕꾸러기에, 김 양식장의 잡초쯤으로 취급되던 매생이가 요즘 들어 귀한 대접을 받고 있다. 영양가가 훌륭하기도 하고 특유의 풍미가 겨울나기 보양식으로 그만이기 때문이다.

매생이굴국도 재료 본디의 맛을 즐기려면 조리 과정은 줄이고, 부차적인 재료는 최소화하는 게 좋다. 특히 매생이는 센 불에서 너무 오래 끓이면 녹아 버린다. 육수는 따로 내지 말고, 국물도 너무 많이 잡지 않도록 한다.

---

1 냄비에 참기름을 둘러 다진 마늘을 살짝 볶다가 씻어 놓은 매생이를 넣고 물을 붓는다.

2 국간장이나 액젓으로 간을 맞추고 굴도 넣어 끓인다.

3 싱거우면 소금을 좀 치고, 대파와 홍고추를 썰어 넣어 한소끔 더 끓여 낸다.

겨울, 여섯 번째 밥상 앞에서

닥치고 평화!

설마, 설마… 하던 상황이 기어이 눈앞에 펼쳐지는 걸 보며,
인류가 저지르는 가장 비이성적인 바보짓은
전쟁이라는 생각을 다시금 하게 된다.
우크라이나에 대한 러시아의 침공은 우크라이나 국민은 물론
러시아 국민의 삶조차도 위협하고 있지 않은가.

우크라이나 사태뿐 아니라 우리도 남북 관계가 경색되고 북한의 핵 위협이
재개되면서 전쟁이란 단어가 또 사람들 입에 오르내리고 있다.
하기야 어제오늘 일도 아니고 경험칙상
전쟁이 일어나지 않을 확률이 높아 보이긴 하지만,
혹시나 하는 두려움만으로도 우리의 일상은 위협 받는다.

죽고 사는 거야 인간이라면 누구나 맞닥뜨리는 실존적인 문제지만,
전쟁의 가장 큰 폐해는 인간의 존엄성과 일상성을 흔들고 파괴한다는 데 있다.
긴장감은 고조되는 듯한데 그래도 다들 담담하게 일상을 영위하는 걸 보면
참 대단한 국민이라는 미더움과 함께
불안이 일상화되어 가는 것 아닌가 하는 우려도 든다.

전쟁의 반대말은 전쟁이 없는 상태, 곧 평화이다.
평화란 별 게 아니라 온전한 일상을 유지하는 상태를 뜻한다.
평화로와야 인간으로서 최소한의 존엄과 품격이라도 지킬 수 있다.
전쟁을 억제하고 평화를 유지하는 데 드는 비용을
아까워해서는 안 되는 이유다.

07

겨울 일곱 번째 밥상

겨울, 일곱 번째 밥상 차림

생대구탕

대구는 남해의 대표적인 어종이었지만 지구온난화와 무분별한 남획으로 멸종되다시피 해 마리당 몇십만 원을 호가할 정도였으니, 서민들에게는 '가까이하기엔 너무 먼 당신'이었다. 그러다 90년대 말부터 치어를 방류하기 시작해 지금은 겨울철 진해 용원이나 거제에 가면 어렵지 않게 구할 수 있다.

대구로는 주로 매운탕을 끓이거나 전을 부쳐 먹지만, 활어라면 회를 떠서 먹기도 한다. 대구 회는 무르고 덤덤해서 별로 권하고 싶지는 않지만, 복어나 물메기 회처럼 담백한 맛을 즐기는 사람은 한번쯤 먹어 볼 만하다. 뭐니 뭐니 해도 생대구는 탕, 그것도 맑은 탕이 제격이다.

1. 냄비 바닥에 얇고 넓고 길게 썬 무를 깔고, 손질해서 건듯건듯 소금 뿌린 대구 살을 올린다. 그 다음 멸치, 다시마 따위를 우린 육수를 붓고 무와 생선 살이 충분히 익도록 끓인다. 간장으로 간을 하면 국물이 탁해지므로 생선에 뿌려 둔 소금만으로 밑간을 대신한다. 싱거우면 소금을 더 넣어 간을 맞춘다.

2. 탕이 끓으면서 위에 뜨는 부유물은 건져 내고, 충분히 익었다 싶을 때 찧은 마늘과 썰어 둔 대파, 풋고추, 홍고추를 넣어 한소끔 더 끓인다. 칼칼한 맛을 원하면 청양고추도 넣어 준다.

겨울, 일곱 번째 밥상 앞에서

성격이 맞지 않아서?

만약에 양쪽 모두 자아가 강하면, 어떻게 될까.
많이 배우고 소위 똑똑하다는 사람들이 이런 경우가 많은데 결과는?
대부분 헤어지고 만다. 서로 성격이 맞지 않아서란다.
사실은 이게 무슨 말이냐 하면,
성격이 같은 두 사람이 서로 상대가 달라져 주기를 바랐지만
결국 각자의 자아를 고집한 채 평행선을 달렸다는, 말하자면 역설이다.

자신의 자아를 존중하는 만큼 상대의 자아도 존중하면
오롯한 사랑을 이루어 나갈 수 있지 않을까?
사랑은 무엇보다 나의 존재 의미를 키우는 동시에
상대의 존재 의미도 함께 키우는 일일 테니 말이다.
그게 바로 행복의 바탕이자 사랑의 가장 중요한 조건 아니겠나.

상대를 무시하는 사랑은 결국 파국을 맞게 된다는 사실은
어디서든, 자주 확인된다.
오늘 또 한 번 파탄이 난 사랑을 지켜보면서 드는 생각이다.
남의 일이 아니다.

08

겨울 여덟 번째 밥상

겨울, 여덟 번째 밥상 차림

물메깃국

겨울엔 물메깃국만 한 해장국이 없다. 원래 속이 부대낄 때 먹는 해장용 국은 재료가 무미하다 할 만큼 담백하고 냄새도 거의 없는 것이어야 한다. 복어, 아구, 그리고 물메기가 이런 재료다.
바닷물에 사는 메기나 민물에 사는 메기나 물에 사는 건 마찬가진데 왜 바다 메기를 유독 물메기라 했을까. 몸이 너무 물러서 그런 게 아닐까? 술이 덜 깬 겨울 아침, 물컹한 물메기 회를 초장에 듬뿍 찍어 빈속에 넘기는 맛 또한 아는 사람은 알리라.

1 멸치와 다시마로 육수를 낸다. 양파나 대파 뿌리도 함께 넣어 우리면 더 시원하고 깊은 맛이 나는 육수를 얻을 수 있다. 이 단계에서 액젓으로 간을 하는 게 좋다.

2 손질한 물메기를 냄비에 담고 만들어 둔 육수를 부어 끓이다가 대파나 청양고추를 썰어 넣는다. 모자반이 있으면 같이 넣어도 좋다. 부족한 간은 소금으로 맞춘다.

겨울, 여덟 번째 밥상 앞에서

싸움의 품격

의견이나 이해가 달라 옥신각신 싸우는 것은 다툼이고,
말이나 힘으로 이기려고 다투는 것은 싸움이다.
다툼도 싸우는 것이고 싸움도 다투는 것이니 다툼이나 싸움이나
그게 그 말인 것 같지만, 싸움은 상대방을 완력으로라도 제압하려는
우격다짐 같은, 좀 더 폭력적인 다툼이다.
어떻게든 상대를 이기고자 하기에 상대도 지지 않으려 필사적일 수밖에 없다.

이런 싸움은 대개 승패를 떠나 양쪽 다 상처를 입게 마련이다.
애초 싸우지 않았으면 아무렇지도 않았을 내 손가락이 부러졌는데,
상대는 팔목이 부러졌다고 쾌재를 부르는 건 얼마나 어리석은 짓인가.
특히 나보다 약하고 어린 사람을 이긴 거라면 더더욱.
살면서 이런저런 일로 다투지 않을 수야 없지만,
승패를 겨루는 싸움은 되도록 피하는 게 상책이다.

그렇다고 좋은 게 좋다는 식으로 모든 것을 유불리로만 따져
유리하면 나서고 불리하면 외면하는,
사리 분별 못하는 소인배가 될 순 없다.
때로는 기꺼이 해야 하는, 그래야 마땅한 싸움도 있다.
위력으로 부당한 이익을 취하려 들고 약자 괴롭히기를 예사로 하는,
누구나 공분하는 사람을 상대로 하는 싸움이다.
이왕 싸울 거면 이런 이유여야 한다.
명분 있는 싸움은 결국 이기게 되어 있다.

싸움에도 품격이 있다면,
이처럼 자신의 이해관계와 삶의 테두리 밖에 자리한 불의일지라도
마땅히 분노하며 맞서는 이들에게서 찾을 수 있지 않겠는가.

09

겨울 아홉 번째 밥상

겨울, 아홉 번째 밥상 차림

새조개시금칫국

새조개 데침

새조개한테 이름 하나가 더 있다는 걸 아시는가. 갈망조개. 남해에선 새조개를 이렇게 부르곤 한다. '갈망'은 갈매기를 뜻하는 방언이다. 애초 새조개라는 이름도 그 속살이 새를 닮아 붙여졌다는 설이 있는데, 남해 사람들 눈에는 새 중에서도 유독 갈매기처럼 보였던 것일까.

처음 남해에 갔을 때만 해도, 노량해전에서 숨진 이순신 장군의 시신을 잠시 안치했던 이락사 길가에 할머니들이 말린 새조개를 파는 모습을 쉬 볼 수 있었다. 그만큼 흔한 조개였다. 지금은 구경도 하기 힘들뿐더러 어쩌다 어시장에 나오는 것들은 사 먹을 엄두가 잘 나지 않을 정도로 몸값이 비싸다. 하지만 또 그만큼 맛은 좋으니, 제철이면 어김없이 생각나는 먹거리다. 간단히 데쳐 초장에 찍어 먹는 것을 제일 좋아하지만, 밀가루와 다진 채소를 섞은 옷을 입혀 튀기거나 국으로 끓여도 별미다.

겨울, 아홉 번째 밥상 앞에서

진정한 고수

운칠기삼이라는 말이 있다. 운이 칠 할이고 재주가 삼 할이라는 말로,
아무리 재주가 뛰어나도 운이 좋은 사람은 이길 수 없음을 뜻한다.

리처드 와이즈먼은 《행운의 법칙》에서
운이 좋은 사람의 특징을 이렇게 적었다.
첫째, 운이 좋은 사람은 기회를 극대화한다.
둘째, 자신의 직관에 귀를 기울이고 직관력을 높이기 위해 노력한다.
셋째, 긍정적인 결과를 예상하며 일을 한다.
넷째, 나쁜 운도 좋게 바꾸는 태도를 지니고 있다.

이 법칙에 따르면 운이란 누구에게나 저절로 찾아오는 것은 아니다.
행운이 다가올 때 이를 직관하고 자기 것으로 만들기 위해
노력하는 사람의 몫이다.
재주보다는 적극적인 노력의 중요성을 강조한 것으로 볼 수 있겠다.

공자는 이렇게도 말했다.
아는 사람은 좋아하는 사람만 못하고,
知之者不如好之者 지지자불여호지자
좋아하는 사람은 즐겨 하는 사람만 못하다.
好之者不如樂之者 호지자불여락지자

와이즈먼과 공자의 말을 조합해 보면

재주 있는 사람은 운이 좋은 사람을 이기지 못하고,

운이 좋은 사람은 즐기는 사람을 이기지 못하는 것이 된다.

진정한 고수는 즐기는 사람이다.

일을 즐겁게 하는 것을 넘어,

마치 풍류 삼아 무아지경에서 노니는 수준에 이른 사람이니

이보다 더한 고수가 어디 있겠는가.

10

겨울 열 번째 밥상

겨울, 열 번째 밥상 차림

탕국

한국 사람에게 가장 친근한 국은 탕국이 아닐까 싶다. 냄새부터가 익숙하다. 마치 오랫동안 사람이 살아온 집에서 나는 훈기처럼 말이다. '탕국'이란 말이 실은 무척 특이한 것인데, 맛이나 냄새만큼 그 이름도 어릴 때부터 귀에 익숙한지라 아무도 이상하다 여기지 않는 듯하다. '탕'도 국이요, '국'도 국이니 '역전앞'처럼 뜻이 같은 두 개의 말을 맞붙인 잘못된 조어인데 말이다.

탕국은 마른 홍합이나 바지락 따위 해물만 넣기도 하지만, 쇠고기나 돼지고기까지 넣어 잡탕으로 끓이기도 한다. 이러나저러나 토막 썬 무와 두부는 들어가야 제맛이다.

사진 박대엽

겨울, 열 번째 밥상 앞에서

죽음을 대하는 자세

어찌 죽음의 무게가 삶의 무게보다 가벼울 수 있으랴.
어차피 사람의 한평생도 죽음을 맞이하는 순간도,
영원한 시간 속에서는 찰나에 지나지 않는다.

천국과 지옥이 어디서 갈리고 어떻게 존재하는지를 생각해 볼 때가 있다.
혹시 이런 게 아닌가 싶다.
죽음을 순순히 받아들일 수 있는 이는 천국으로 임하는 것이요,
후회와 원망과 두려움으로 새로운 세계를 도저히 받아들이지 못하는 이는
이미 그 순간부터 지옥 아니겠는가.

언젠가는 닥쳐올 죽음에 순응하려면 잘 사는 수밖에 없다.
잘 사는 게 뭐길래? 사람이 어찌 옳은 선택만 할 것이며,
어찌 후회 없이 살 수 있겠냐만……
그럼에도 내게 미안하지 않은 삶을 살아야겠다고 다짐한다.

살아가는 것 자체가 선택의 연속이라는 섭리 속에서 선택도,
그에 따른 후회도 필연적인 일, 나의 몫이다.
그 모든 걸 겸허히 인정하고 매 순간 내 자유의지에 충실한다면
죽음의 순간도 일상처럼, 좀 더 의연하게 맞을 수 있지 않을까.

11

겨울 열한 번째 밥상

겨울, 열한 번째 밥상 차림

시래깃국, 콩나물밥

옛날에는 콩나물과 시래기로 겨울을 났다. 봄, 여름, 가을엔 온갖 채소들이 흔했지만 겨울엔 땅속에 묻어 둔 무, 배추, 콩나물, 그리고 시래기 정도가 영양소의 주공급원이었다. 헛간 시렁엔 무청 말린 시래기 다발이 주렁주렁 달려 있고, 안방엔 콩나물시루가 윗목을 차지하고 있는 모습이 그 시절의 흔한 풍경이었다.

가을에 추수해서 매상하고 남겨 둔 나락이 뒤주에 좀 쌓여 있긴 했지만, 쌀이 워낙 귀한 시절이라 겨울이면 보리밥 대신 무밥, 고구마밥, 시래기밥, 콩나물밥으로 끼니를 때우기 일쑤였다. 그래도 개중에는 콩나물밥이 특식 대접을 받았는데, 아무래도 양념장에 한두 방울 떨어뜨린 참기름의 고소한 맛 때문이 아니었나 싶기도 하다.

콩나물밥은 콩나물을 생것이 아닌 한 번 삶은 걸 넣고 '쾌속백미'로 재빠르게 지어야 한다. 그래야 쌀도 짓무르지 않고 콩나물도 형태를 유지해 탱탱하고 아삭한 맛이 살아 있다.

겨울, 열한 번째 밥상 앞에서

배려의 기술

학교에 셀프 빨래방을 차렸다.
'뽀송뽀송 행복 빨래방'이라고 이름도 붙였다.
강당을 겸해 쓰고 있는 실내 체육관의 남녀 탈의실에
세탁기 한 대, 건조기 한 대씩을 배치한 것인데
학년 구분 없이 동아리를 만들어 운영 중이다.

초등학교에 무슨 빨래방인가 싶겠다.
실은 우리 학교 아이들 대부분이 전국 각지에서 부모 품을 떠나
여기 청학동 서당에 기숙하고 있는 사정을 고려해서 벌인 일이다.
물론 서당에서 어련히 알아서 하겠지만, 그래도 부모만큼이야 하겠는가.
서당의 형편도, 아이들에 대한 마음 씀씀이도 다 같을 순 없을 터이다.

무엇보다 감수성이 예민한 시기, 더욱이 사춘기에 접어든 아이들이
자기 빨래를 남에게 맡기고 싶지 않을 마음을 고려했다.
이렇듯 지극히 현실적이면서도 민감할 수 있는 문제를
어떻게 해결할까 하는 고민 끝에,
빨래를 놀이인 동시에 학습으로 간주하는
교육과정 하나를 또 만들게 된 것이다.

비단 우리 아이들뿐 아니라 누구라도 제 빨래는 제 손으로
해야 하는 세상이다. 스스로 할 일을 다른 사람에게 미루어서야
주체적인 삶이라 떳떳이 말할 수 있겠는가.
아이들이 친구와 함께 빨래하면서 서로 마음을 살피고, 모으고,
나누고, 이해하는 과정을 체득하는 건 덤이다.

배려는 상대가 알지 못하게 하는 것이 좋다.
그것으로 오히려 자존심이 상하거나 모멸감이 들게 해서는 안 된다.
진정한 배려는 실질적인 도움이 될뿐더러 생색을 내지 않아도
그 진심이 전달된다.
그렇게 사람에서 사람으로, 번지기 마련이다.

12

겨울 열두 번째 밥상

겨울, 열두 번째 밥상 차림

어묵탕

자장면보다 짜장면인 것처럼 이 어묵탕도 오뎅탕이라고 해야 제 맛이 날 것 같긴 한데, 어묵탕도 우리말 고유명사로 자리 잡아 가고 있는 것 같으니 어묵탕이라고 하자. 어묵탕은 누구나 손쉽게 할 수 있는, 겨울철 대표 음식이다. 이미 조미가 다 된 어묵으로 맛없게 만드는 것도 재주라면 재주라 할 수 있겠다.

1   멸치, 다시마 따위로 국물을 우리고 건더기는 건져 낸다.
2   국물에 무를 썰어 넣고 한 번 더 끓인다. 무는 충분히 익혀 주는 게 좋다.
3   무가 웬만큼 익으면 어묵도 넣고, 어묵이 다 익을 즈음엔 대파와 청양고추까지 썰어 넣어 한소끔 더 끓인다.

겨울, 열두 번째 밥상 앞에서

내 삶의 주인 되기

행복의 패러다임을 바꿔 보자.
받는 행복에서 주는 행복으로. 되도록 아이들이 원하는 바를 해 주되
스스로 만들고 베푸는 행복을 알게끔 하는 것을
학교 운영의 지향점이자 목표로 삼은 동기다.
현대 교육의 원리가 되다시피 한 구성주의 교육 관점에서도 이게 맞다.

우리 학교만의 특수한 여건과 학생 변인을 고려할 때
교육과정 편성과 운영의 자율성, 다양한 교육 활동을 위한
재원의 필요성을 느껴 올해 행복학교를 신청했고, 선정되었다.
또 교육감 직권 지정 자율학교와 이음교실 선도학교로도 지정 받아
예산도 넉넉히 확보했다.

'나를 찾고, 너를 품고, 우리를 세우는 묵계교육공동체'를 기치로 내건
우리 학교 교육과정의 핵심 키워드는 치유와 행복이다.
특별한 건 치유와 행복의 개념을 새롭게 해석했다는 점이다.
아이들을 단지 치유와 행복의 대상,
곧 객체로만 보지 않고 스스로 치유하고 행복을 만드는 주체로
성장하도록 지도하자는 것이다.

학교장으로서 지금 가장 큰 고민은
이렇게 특별한 교육과정 속에서 지내던 아이들이 중학교에 진학했을 때
전혀 다른 환경으로부터 느낄 단절감과 상실감이다.
길은 오직 하나, 초등학교 6년 동안에라도 삶의 주체로서
능력과 자존감을 갖추게 하는 것.
학교 교육 목표를 '자연·친구와 함께
꿈·희망·자존감 찾기'로 고친 이유다.
'나너우리교육과정'으로 이름 붙인 우리 학교 교육과정은
이런 목표에 따라 원점에서부터 점검해 재구성한 것이다.

학교 교육과정이라고 하지만 실제로는 학급 교육과정으로,
학교 전체 행사는 과감히 없애고 수업과 연계한 학급 단위 활동으로 메웠다.
교육 활동비는 모두 학급에 배당해 학급 담임이
직접 예산을 편성해서 집행하도록 했다.
또 때로는 학년을 묶어 학년군으로 진행하는 경우도 있고,
전체 학년을 묶어 전교 단위로 활동하기도 한다.
학생 수가 워낙 적어 학급 단위로 활동하는 것만이 능사가 아니기 때문이다.
물론 이런 판단은 담임 선생님들이 한다.

1학년부터 6학년까지 전교생에게 곤충, 물고기 등
동물이나 식물 하나씩을 주고 길러 보게 한다.
동물이든 식물이든 스스로 기르고 보살피면서
책임감과 타자에 대한 존중, 배려심을 함께 키우라는 것이다.

이런 교육 어떤가?

13

겨울 열세 번째 밥상

겨울, 열세 번째 밥상 차림
소고기뭇국

명절이나 마을에 큰 잔치가 있을 때면 집집이 키우는 돼지 중에서 경제 중량(돼지는 경제 중량이 90kg이다)에 이른 돼지를 잡아 잔치용으로 쓰거나 제수용으로 나누었다. 소고기를 먹는다는 건 꿈도 못 꿀 일이었다. 어쩌다 일소가 고삐에 목이 감기거나 하여 돌연사했을 때는 도축을 허가 받아 고기를 나누고 소 값을 추렴해서, 말하자면 상부상조하는 경우가 소고기를 맛볼 유일한 기회였다.

요즘 식당에서 파는 소고깃국이란 대개가 육개장이고, 소고기뭇국은 좀체 보기 어려운 이유가 뭘까? 어릴 때 먹던 소고깃국은 육개장이 아니라 이렇게 무와 파만 듬성듬성 썰어 넣고 끓인 소고기뭇국이었다. 궁하면 통한다고 소고기뭇국은 특별한 조리법이랄 것도 없으니 한번 도전해 보시라. 누가 끓이든 소고기뭇국이 맛없으면 오히려 그게 더 이상하다.

겨울, 열세 번째 밥상 앞에서

밥 한번 먹읍시다

인간은 어쩌면 홍수 속에서 살아가는 존재란 생각이 든다.
범람하는 무슨 트렌드, 무슨 브랜드, 무슨 이데올로기,
무슨 패러다임 따위에 휩쓸리지 못해 조바심하고,
휩쓸려서는 두려워하고, 자칫 밀려날까 불안해 하면서.

제자가 물었다.
"세존이시여! 어떻게 그 홍수를 건너셨나이까?"
세존이 답하셨다.
"멈추지도, 발버둥 치지도 않고 건너왔노라. 멈추면 잠길 것이요.
발버둥 하면 휩쓸릴 것이니."

세존의 말씀은 중심을 잡고 나아가라는 뜻이리라.
애써 조바심 내거나 불안해 하지 말고, 미리 두려워하며 멈추지도 말고.
물에 빠진 사람은 수영을 못해서가 아니라 두려움 때문에 허우적거리다
탈진하거나, 아니면 일찍이 체념해서 익사하는 경우가 많다.
한 번뿐인 인생, 담대하고 담담하게 가자.
우리 아이들, 그리고 홍수 같은 시대를 함께 살아 내고 있는 벗들에게
마지막으로 남기고 싶은 말이다.

따뜻한 밥 한번 꼭 나눌 수 있기를……. 더 늦기 전에.

책을 덮기 전
발행인이 남기는 이야기

개다리소반에
밥을 차려 먹는 시인.
본인만의 규칙이 드러나는
소박하고 정갈한 그 밥상이
사뭇 엄숙하게도 다가왔던 건,
밥상 너머 사람의 철학과
그것을 지키려는 고집이
느껴졌기 때문이다.

궁편책 발행인 김주원

개다리소반에 밥을 차려 먹는 시인.
나의 근간을 이루는 유년 시절, 식사 때면 소반이며 둘레상에
식구들이 옹기종기 나눠 앉았던 기억 때문인지
오인태 선생님의 개다리소반이 마음에 콕 박혔다.
그때부터 다짐처럼, 안부처럼 SNS에 매매 올라오던
선생님의 밥상 사진들을 찾아보기 시작했다.
가만 들여다보면 본인만의 규칙이 드러나는 소박하고 정갈한 그 밥상이
사뭇 엄숙하게도 다가왔던 건, 밥상 너머 사람의 철학과
그것을 지키려는 고집이 느껴졌기 때문이다.
그에 매료되어 2013년 늦봄, 선생님이 계신 진주로 찾아갔다.
다른 곳에서 먼저 신간 제안이 들어왔다는 말씀에,
구두 약속도 계약과 진배없다며 흔쾌히 다음을 기약했다.
그 후 8년간 선생님의 한결같은 행보를 조용히 좇았다.
다시 2021년 봄, 남해에서 저자와 편집장으로 조우했다.
이 책은 8년 전 선생님을 처음 만났던 그때
이미 끝내 놓은 기획을 비로소 구체화한 것이다.

편집을 갈무리하며, 본서를 위해 격려 같은 배려를
아낌없이 보내 주신 분들께 이 지면을 빌려 인사드린다.
귀한 사진을 기꺼이 내어 주신 사진작가 박대엽 님과 오정식 님,
활자 사이사이 희망등 불빛이 번지는 따스한 추천의 글을 주신
민속학자 임재해 님과 시인 류근 님께 깊은 감사를 전한다.

밥상머리 인문학

초판 1쇄 인쇄 2022년 9월 27일
초판 1쇄 발행 2022년 10월 8일

지은이	오인태
펴낸이	김주원
펴낸곳	궁편책

책임편집	이다겸
디 자 인	김민정
밥상사진	오인태
그외사진	이다겸

출판등록	제2020-000161호
주소	서울특별시 중구 서애로 27 서울캐피탈빌딩 502호
전화	070-4036-6275
팩스	0303-3445-2331
전자우편	gpchaek@naver.com
블로그	https://blog.naver.com/gpchaek
인스타그램	https://www.instagram.com/g.p.chaek

ISBN 979-11-971564-3-4 (03810)
값 22,000원

Copyright 2022 by 궁편책, All rights reserved.
이 책은 저작권법의 보호를 받는 저작물이므로 무단 전재 및 무단 복제를 금합니다(저작권법 제136조).
지은이와 협의하여 인지를 붙이지 않습니다.
잘못 만들어진 책은 구입하신 서점에서 바꿔 드립니다.

궁편책

시작과 끝이 사람을 향하는 책의 힘을 믿습니다.